왜 위만왕은 고조선을 계승했다고 할까?

교과서 속 역사 이야기, 법정에 서다

01
역사공화국
한국사법정

준왕 vs 위만왕

왜 위만왕은 고조선을 계승했다고 할까?

글 송호정 | 그림 조진옥

(주)자음과모음

청동기 문화가 발전하면서 만주 남쪽 지방과 한반도 곳곳에 여러 부족이 출현하였습니다. 고조선은 우리 역사상 만주 일대와 한반도 서북 지방을 배경으로 세워진 최초의 고대 국가입니다. 이들 가운데 세력이 강한 부족이 주변의 여러 부족 사회를 통합하면서 점차 권력을 키워 나갔고, 그중 가장 먼저 나라로 발전한 집단이 고조선입니다.

이처럼 우리 민족의 역사는, 멀리 고조선에 그 원류를 두고 있습니다. 따라서 고조선의 역사를 공부하는 것은 우리 겨레가 국가를 어떻게 이루었는지, 우리 민족의 역사가 시작될 때에는 어떤 모습이었는지, 이후의 역사는 어떻게 발전했는지를 이해하는 데 매우 중요합니다.

고조선은 부여, 동옥저, 삼한을 비롯하여 고구려, 백제, 신라에 이르기까지 우리 겨레가 세운 여러 나라의 출현과 성장에 중요한 영향을 미쳤습니다. 따라서 고조선의 역사를 정확히 밝혀내야만 우리 고대사, 나아가 우리 역사 전체를 체계적으로 정리할 수 있습니다.

고조선(古朝鮮)이라는 나라는 말 그대로 '옛 조선'을 가리킵니다. 그냥 '조선'이라 하면 태조 이성계가 세우고 일제 강점기 전까지 500년 동안 이어졌던 조선 왕조와 헷갈리기 때문에, '그 전에 있었던 조선'이라는 의미에서 고조선이라고 합니다.

고조선 사람들은 랴오둥(遼東) 일대와 한반도 서북부 땅에 살았습니다. 이 지역은 일찍부터 농경이 발달한 곳입니다. 이곳의 주민은 주로 예족(濊族)과 맥족(貊族)으로 언어와 풍속이 서로 비슷했습니다. 처음에는 이 지역에서 조그만 정치 집단이 군데군데 생겨나 그중 우세한 세력이 다른 집단을 정복하거나 통합했습니다. 그리하여 기원전 8세기·기원전 7세기 무렵이 되면 고조선이 역사상에 뚜렷한 모습을 드러냅니다.

보통 고조선은 기원전 7세기 무렵부터 기록에 나타나기 시작해, 기원전 108년 한나라에 멸망할 때까지 존속한 나라를 가리킵니다. 그리고 쇠로 만든 도구, 곧 철기를 사용하면서 나라의 모습이 크게 변했기 때문에, 청동기를 주로 사용한 시기는 전기 고조선, 철기를 주로 사용한 시기는 후기 고조선으로 나누어 보는 것이 좋습니다. 전기 고조선 사람들은 비파형 동검 문화를 누렸고, 후기 고조선 사람들은 세형 동검 문화를 누렸습니다. 기록에 나오는 왕조 이름으로 말하면, 고조선은 단군 조선과 위만 조선이 존재했습니다.

왜 위만왕은 고조선을 계승했다고 할까?

그동안 우리는 단군 조선을 기원전 2333년에 존재한 최초의 왕조, 8조의 법이 있는 매우 발달하고 웅대한 역사를 가진 왕조라고 배웠습니다. 반면 한국 고대사 연구자들은 이러한 해석에 매우 신중하게 접근해 왔습니다. 단군 조선의 내용이 신화로 표현되고 있는 점에 대해, 그 사실성 여부를 정확히 말하기 어렵다는 것이 기본 입장입니다. 그리고 단군 조선의 역사와 문화는 비파형 동검 문화가 가장 대표적인데, 그 역사성에 대해 많은 논의가 전개되고 있으나 명확하게 정리된 것은 많지 않습니다. 한편 위만 조선의 경우는 단군 조선에 비해 비교적 명확한 기록이 있음에도, 위만의 출신이 한반도 지역이 아닐 뿐만 아니라, 왕조 자체가 짧은 기간 존재했다는 점 등의 이유로 상대적으로 간략하게 소개되고, 대개 멸망기의 역사로서 서술되어 왔습니다.

이 글은 이런 점을 충분히 전제하고, 단군 조선의 마지막 임금인 준왕(準王)과 위만 조선을 세운 위만(衛滿)을 출연시킵니다. 이들이 서로 재판하는 과정을 통해 독자들이 단군 조선의 역사와 위만 조선의 역사를 명확하게 구분하고 이해할 수 있도록 돕는 것이 가장 큰 목적입니다. 나아가 두 시기의 문화적 특성에 대한 이해를 바탕으로 고조선 전 시기에 대해 체계적으로 이해하고자 합니다.

송호정

차례

책머리에 | 5

교과서에는 | 10

연표 | 12

등장인물 | 14

프롤로그 | 18

미리 알아두기 | 22

소장 | 24

재판 첫째 날 고조선은 어떤 나라였을까?

1. 단군왕검은 언제 나라를 세웠을까? | 28

열려라, 지식 창고_고조선 건국 신화 | 41

열려라, 지식 창고_단군 신화, 역사일까 신화일까 | 42

2. 고조선은 어디에 있었을까? | 43

3. 고조선 사람들은 어떻게 살았을까? | 51

휴정 인터뷰 | 67

역사 유물 돋보기_청동기 시대 유물은 어떤 것이 있을까? | 70

재판 둘째 날 위만 조선은 어떤 나라였을까?

1. 위만은 누구일까? | 76
2. 위만 조선은 어떻게 세워졌을까? | 82
3. 위만은 어떻게 나라를 다스렸을까? | 96
열려라, 지식 창고_고조선의 중계 무역 | 102
휴정 인터뷰 | 103

재판 셋째 날 위만 조선이 세워진 후 고조선은 발전했을까?

1. 준왕은 정말 나약한 왕이었을까? | 108
2. 고조선 사회는 어떻게 바뀌었을까? | 120
열려라, 지식 창고_고조선과 한의 전쟁 | 135
휴정 인터뷰 | 136

최후 진술 | 139
판결문 | 144
에필로그 | 146
떠나자, 체험 탐방! | 150
한 걸음 더! 역사 논술 | 152
찾아보기 | 156

단군은 여러 부족을 통합하여 고조선
을 건국하였다. 단군의 고조선 건국은
우리나라의 역사가 매우 오래되었음을
말해준다.

중학교	역사	I. 문명의 형성과 고조선의 성립 　3. 고조선과 여러 나라의 성장 　　(1) 청동기 문화 위에 고조선이 성립하다

랴오닝 지방을 중심으로 성장한 고조선은 점차 세력을 확대해 나가 한반도 지역으로까지 발전하였다. 기원전 3세기에는 부왕, 준왕과 같은 강력한 왕이 등장하여 왕위를 세습하였다.

고등학교	한국사	Ⅰ. 우리 역사의 형성과 고대 국가 2. 고조선과 여러 나라의 성장 (1) 우리 민족 최초의 국가 고조선

기원전 2세기 위만이 무리 1000여 명을 이끌고 고조선으로 오자, 준왕은 서쪽 변경에 살 것을 허락해 주었다. 하지만 위만은 세력을 확대해 나갔고, 수도인 왕검성을 공격해 준왕을 몰아내었다. 위만은 왕이 된 뒤에도 나라 이름을 그대로 조선이라 하였다. 이런 점은 위만의 조선이 단군의 조선을 계승한 것으로 볼 수 있다.

기원전

2333년 단군, 조선 건국(『동국통감』 기록)

2000년경 후기 신석기 문화 형성

700년경 고조선의 등장(『관자』 기록)

300년경 철기 문화 시작
연나라의 고조선 침입

200년경 삼한 시대 시작

195년 위만, 고조선에 망명

194년 위만 왕조 성립
위만왕, 진번·임둔을 복속시킴

109년 한 무제, 고조선 침략

108년 고조선 멸망

57년 박혁거세, 신라 건국

37년 추모(주몽), 고구려 건국

18년 온조, 백제 건국

기원전

3000년경 메소포타미아 문명과 이집트 문명 시작

2500년경 중국 문명과 인더스 문명 시작
수메르인, 쐐기 문자 사용

1800년경 함무라비 법전 편찬

1100년경 중국 주 왕조 성립

492년 페르시아 전쟁 시작

431년 펠로폰네소스 전쟁 시작

330년 알렉산더 대왕 페르시아 정복

221년 진시황, 중국 통일. 만리장성 축조

202년 유방, 한제국 건설

133년 로마, 개혁 정치 시작

100년 카이사르 탄생

27년 로마, 옥타비아누스 제정 시작

4년 예수 그리스도 탄생

준왕(기원전 3세기 ~ 기원전 2세기,

재위 기간 : 기원전 3세기 후반 ~ 기원전 194년)

나는 고조선의 마지막 왕으로 아버지 부왕(否王)의
뒤를 이어 왕이 되었지만, 중국에서 내려온 위만왕
에게 억울하게 왕위를 빼앗겼습니다. 나는 결코 위
만왕을 우리 고조선의 왕으로 인정할 수 없습니다.

원고 측 변호사 **나현명**

나, 나현명 변호사는 역사에 관한 해박한 지식을 가
지고 있으며, 잘못된 역사를 바로잡는 데 혼신의 힘
을 쏟는 변호사입니다. 역사공화국 한국사법정에서
처음으로 열리는 재판을 기대하세요.

위만왕이 왕위를 빼앗을 당시, 준왕의 신하로 있던 측신이라고 합니다. 위만왕이 준왕을 속이고 왕위에 오르는 과정을 두 눈으로 똑똑히 지켜보았지요. 억울한 우리 준왕의 심정을 내가 알아주지 않으면 누가 알아줄까요?

고조선은 청동기 사회였고, 나는 청동기 장인이라고 할 수 있지요. 이 손으로 못 만드는 것이 거의 없었답니다. 내가 만든 검이나 거울 등은 보는 이마다 다 탐을 냈지요. 하지만 주로 지위가 높은 사람들만 살 수 있었답니다.

역사공화국의 공명정대한 판사인 공정한이 할 일은 오직 역사의 진실을 밝히고, 영혼들의 한을 풀어 주는 것! 역사공화국 한국사법정에서의 눈부신 활약을 약속합니다.

피고 위만왕(기원전 3세기 ~ 기원전 2세기,

재위 기간: 기원전 194년 ~ 기원전 2세기)

나는 중국 연(燕)나라 사람으로 고조선의 토착민은 아닙니다. 하지만 준왕에 이어 왕위에 오른 후 고조선에 철기 문화를 받아들이고 고조선 사회를 발전시켰지요.

피고 측 변호사 강인한

역사공화국에서 명변호사로 널리 알려진 강인한입니다. 나는 역사적 진실은 쉽게 변하는 것이 아니라고 생각하지요. 여러분, 기존의 역사적 평가에는 다 이유가 있다니까요~!

피고 측 증인 역계경

나는 고조선 땅에서 나고 자란 토착민으로 이후 고조선의 정부 관리, 즉 대신이 되었습니다. 하지만 내가 진심으로 올리는 말을 우거왕이 들어 주지 않아 할 수 없이 고조선을 떠나게 되었지요.

나는 한고조 유방(劉邦)과 같은 마을에서 자랐는데, 유방을 도와 장안후에 봉해졌다가 후에 연나라의 왕이 되었지요.

나는 고조선의 역사를 바로 세우고자 자나 깨나 발로 뛰는 역사학자입니다. 역사를 있는 그대로 객관적으로 바라보기 위해 노력하고 있답니다.

에헴~! 나이로 치면 역사공화국에서 내 위에 있는 사람이 별로 없더군. 여기 와서도 나는 가장 어른이라는 말씀! 어른 공경 잘하라고~. 고조선이라는 나라에 대해 궁금한 게 있으면 언제든 물어보시고~.

"나는 한반도 최초의 국가,
고조선의 준왕이라고 하오"

여기는 역사 속 영혼들의 나라, 역사공화국.

세계 각국의 역사 속 영웅들과 악인들은 물론이고, 살아생전 주목한 번 받지 못한 사람들이 지상에서의 기억을 간직한 채 옹기종기 모여 살고 있다.

시내가 한눈에 내려다보이는 건물 안. 그곳에서 두 다리를 책상 위에 올려놓은 채 책을 읽고 있는 한 남자가 있었으니……. 그의 이름은 나현명!

"역시, 역사는 알면 알수록 재미있단 말이야. 교과서로 달달 외우기만 하던 역사의 진면목을 책을 통해 알아 갈 때의 기쁨이란!"

나현명 변호사는 혼잣말을 하며 역사책을 열심히 읽었다. 다 읽은 책은 쌓여만 가고, 어느새 창밖은 어두워지기 시작했다.

"역사 공부도 좋지만 일을 해야 할 텐데……. 오늘도 사건을 의뢰하는 사람은 없는 건가?"

나현명 변호사가 읽던 책을 내려놓고 일어나 기지개를 켜는 찰나, 사무실 문을 두드리는 소리가 들렸다.

똑똑.

"여기가 나현명 변호사 사무실 맞습니까?"

옷을 말끔하게 차려입은 점잖아 보이는 한 남자가 사무실 안을 둘러보더니, 창가에 서 있는 나현명 변호사에게 말을 걸었다.

"네. 제가 바로 나현명 변호사입니다만, 어쩐 일로 오셨습니까? 아니, 그보다 누구시죠?"

"나 변호사, 안녕하시오. 나는 준왕이라고 하오."

준왕이란 사람의 위아래를 재빨리 훑어본 나현명 변호사는 고개를 갸우뚱하며 조심스럽게 물었다.

"준왕이라……. 어느 나라의 왕이신지요? 조선? 고려? 죄송하지만 생각이 잘 나지 않네요."

"흐흠. 뭐, 그럴 만도 합니다. 나와 내가 다스린 위대한 고조선의 역사가 후손들에게 잘 알려져 있지 않으니까요. 바로 그것 때문에 이렇게 당신을 찾아온 것이오. 고조선의 역사를 왜곡한 배은망덕한 자에게 소송을 걸기 위해서!"

엄숙한 표정을 한 준왕의 이야기를 듣던 나현명 변호사가 준왕의 손을 덥석 붙잡았다.

"와, 한반도 최초의 국가 고조선 말입니까? 그 고조선의 왕이셨다니, 몰라뵈어 정말 죄송합니다. 고조선이라 하면 단군왕검과 위만밖에 들어 보지 못한 터라……. 그런데 누구에게 소송을 걸려고 하시는지요?"

준왕은 '위만'이라는 이름에 고개를 번쩍 들고 외쳤다.

"역사에 관심이 많다는 나현명 변호사조차 나를 잘 모르는 것은 바로 그 위만이라는 자 때문이오! 그자가 다른 나라에서 도망쳐 와 나에게 은혜를 구하기에 내가 벼슬도 주고 우리나라에 살게 해 주었다오. 그런데 그가 감히 나를 배신하고 왕위를 빼앗았지! 그자 때문에 단군왕검에서부터 내가 다스리던 시기의 고조선 역사가 엉망이 되어 버렸소."

여기까지 말한 준왕은 양손 집게손가락으로 자신의 눈 밑을 가리키며 말을 이었다.

"내 눈 밑이 심하게 어두워진 게 보이시오? 역사공화국에 온 뒤에도 억울함에 내내 밤잠을 설쳤습니다. 그러던 중, 역사에도 해박하고 열정적인 변호사가 개업을 했다는 소문이 들려와서……."

준왕의 말이 채 끝나기가 무섭게 나현명 변호사가 어깨를 한번 들썩이더니 말했다.

"바로 나, 명변호사 나현명이 이 사건을 맡겠습니다! 잘못된 역사를 바로잡고 역사 속 억울한 자들의 주장을 대변하는 일이야말로 제가 가장 좋아하고, 또 잘하는 일이지요. 그럼 소장을 작성하며 본격적인 이야기를 해 볼까요?"

왜 위만왕은 고조선을 계승했다고 할까?

고조선과 위만 조선

모든 사람을 널리 이롭게 하라는 환웅의 뜻을 이어받아 단군왕검은 기원전 2333년에 랴오둥(遼東) 지역에 고조선을 세웁니다. 고조선은 안으로는 나라의 체계를 다져 가면서 밖으로는 세력을 키워 한반도 북부 지역까지 진출하게 됩니다. 기원전 4세기경에는 만주와 한반도 북부에 이르는 거대한 영토를 차지하게 되었습니다.

이렇게 성장을 거듭하던 고조선은 준왕 때인 기원전 2세기경에는 당시 연나라인 중국과 대립할 정도로 힘이 강해졌습니다.

당시 고조선 국경 부근에는 춘추 전국 시대를 살던 사람들이 살고 있었고, 이 중 위만이 무리를 이끌고 고조선으로 들어오게 됩니다. 위만의 무리는 자신들이 고조선 출신이라는 것을 증명하려는 듯 머리에 상투를 틀고 흰옷을 입었지요. 준왕은 위만의 무리를 고조선의 국경지대 안으로 받아들였고, 위만은 철을 다루는 뛰어난 기술을 고조선 사회에 전해 주었습니다. 위만이 전파한 철기 문화는 고조선 사회에 빠른 속도로 퍼져 나가게 됩니다. 철로 만든 농기구로 농업 생산력은 높아지고, 철로 만든 무기로 군사력은 강해졌지요.

그런데 이렇게 힘을 키워 가던 위만은 기원전 194년, 왕이 되기 위해 준왕에게 한나라가 쳐들어온다는 거짓말을 합니다. 그리고 수도를 보호한다는 구실로 궁궐을 점령했습니다. 이후 수도인 왕검성을 손에 넣은 위만은 준왕을 몰아내고 스스로 고조선의 왕이 됩니다. 그리고 고조선의 왕위는 위만의 후손들이 이어 나가게 되지요.

당시 고조선은 여러 나라가 오가는 길목에 위치하였다는 점을 이용하여 중계 무역으로 큰돈을 벌고 있었습니다. 하지만 중국의 한나라는 이렇게 고조선이 부강해지는 것을 곱게 보지 않았습니다. 한나라의 무제는 호시탐탐 기회를 노리고 있었지요. 그래서 위만의 손자인 우거왕이 고조선을 다스리고 있을 당시인 기원전 109년에 핑곗거리를 만들어 5만 명의 대군을 이끌고 고조선을 침공해 옵니다. 결국 끝까지 고조선을 지키려고 했던 우거왕은 죽음을 맞이하고 기원전 108년에 고조선도 역사의 뒤안길로 사라지고 맙니다.

원고 | 준왕	대리인 | 나현명 변호사
피고 | 위만왕	대리인 | 강인한 변호사

청구 내용

단군 조선의 임금이었던 나, 준왕은 단군 조선을 중국 동쪽 지역에서 가장 강력한 나라로 키운 바 있습니다. 그런데 오늘날 사람들은 연나라 출신의 위만왕만 위대한 영웅으로 치켜세우고 있습니다. 그는 고조선 서쪽 변방에서 세력을 키운 후 나의 왕위를 빼앗은 자입니다. 그럼에도 교과서에서는 그가 세운 위만 조선만을 중요하게 가르치고 있지요.

단군왕검에 의해 세워진 단군 조선은 청동기 문화가 번성하던 기원전 1800년경에 처음으로 국가 체제를 갖추었고 그때부터 700여 년 존속한 왕조입니다. 고구려와 백제, 신라, 발해의 조상 나라이며, 기원전 108년 한군현(漢郡縣)이 설치될 때까지 우리 겨레의 최초 국가로 자리 잡았습니다. 하지만 후손들은 단군 조선에 대해서는 그 시조인 단군왕검을 제외하고는 제대로 관심을 가지지 않으며, 훗날 위만 조선이 영토를 넓히고 국가의 지배 체제를 정비했다는 이유로 위만왕의 업적만 열심히 찬양하더군요.

위만왕은 단군 조선 왕의 입장에서 보면 어디까지나 배신자에 불과합니다. 무엇보다 그는 위만 조선의 업적을 크게 부풀리기 위해 단군 조선의 역사를 왜곡하고 축소하고자 했습니다.

　이에 나는 위만왕과 그의 후손들에게 단군 조선과 나에 관한 잘못된 인식을 퍼뜨려 명예를 손상시킨 것에 대한 정신적 손해 배상을 청구하고자 합니다.

입증 자료

- 중학교 역사 교과서
- 고등학교 한국사 교과서
　그 외 자료 추후 제출하겠음.

위 청구인 준왕

역사공화국 한국사법정 귀중

고조선은
어떤 나라였을까?

1. 단군왕검은 언제 나라를 세웠을까?
2. 고조선은 어디에 있었을까?
3. 고조선 사람들은 어떻게 살았을까?

교과 연계

중학교 역사
I. 문명의 형성과 고조선의 성립
  3. 고조선과 여러 나라의 성장
    (1) 청동기 문화 위에 고조선이 성립하다

1

단군왕검은 언제
나라를 세웠을까?

"어서 서둘러! 내가 오늘을 얼마나 기다렸는데……."

"아무리 그래도 그냥 갈 수는 없잖아. 어쩌면 오늘 단군왕검을 직접 볼 수도 있는데 머리에 힘 좀 줘야지."

땡. 땡. 땡…….

역사공화국 한국사법정의 커다란 벽시계가 12시를 알렸다. 법정 앞은 오늘 재판을 보기 위해 몰려든 사람들로 발 디딜 틈 없이 분주했다. 사람들은 저마다 법정에 들어갈 순서를 기다리고 있었다.

"무슨 일인데 사람들이 이렇게 많이 모여 있지?"

"몰랐어? 오늘 고조선의 준왕이랑 위만왕이 법정에서 만난대."

한국사 마을로 휴가를 온 세계사 마을의 소크라테스와 공자는 웅성거리는 사람들의 말소리에 귀를 기울였다.

왜 위만왕은 고조선을 계승했다고 할까?

"오호, 그래? 나도 억울한 일이 있어서 변호사를 한번 찾아가 볼까 하고 있었는데."

"소크라테스 자네가? 어쨌든 우리 구경 한번 가 보자고!"

말이 떨어지기가 무섭게 소크라테스와 공자는 법정 앞으로 성큼성큼 다가갔다. 그들은 왠지 오늘 재판이 재미있게 펼쳐질 것 같아 기대감에 부풀었다.

"자, 조용, 조용!"

소란했던 재판정 안이 갑자기 조용해지면서 '끼이~익' 하고 문 열리는 소리가 들렸다. 어깨부터 발끝까지 검은 법복을 늘어뜨린 판사는 안경 너머로 재판정을 휘~익 둘러봤다. 공정한 판사는 살아생전 청렴하고 결단력 있기로 명성이 자자한 사람이었다.

판사   에헴! 자, 오늘 재판을 진행하기 전에 양측 원고, 피고와 변호인단은 모두 자리해 주셨겠지요?

나현명 변호사, 강인한 변호사   네, 물론입니다.

판사   나현명 변호사의 큰 목소리가 인상적이군요.

나현명 변호사   아, 네. 목소리 좋다는 얘기는 종종 듣습니다, 판사님.

판사   네……. 뭐, 그래요.

강인한 변호사   판사님, 법복이 참 잘 어울리십니다!

나현명 변호사   이의 있습니다, 판사님. 지금 강인한 변호사는 판사님의 환심을 사고자 아부를 하고 있습…….

강인한 변호사　아니, 나현명 변호사! 아직 재판도 시작하기 전인데 무슨 이의입니까?

재판이 열리기도 전에, 지상에서부터 패기 하나로 좌중을 사로잡던 나현명 변호사와 냉철한 카리스마의 강인한 변호사 사이에 날카로운 신경전이 오고 갔다.

판사　자자, 두 분 모두 진정하시고요. 본격적으로 재판을 시작해 보도록 하겠습니다. 그, 그런데 이게 도대체 언제입니까? 아주, 아주 오래된 일이군요. 네, 뭐 좋습니다. 원고 측 변호인께서 이번 사건에 대해 간단히 진술해 주시겠습니까?

나현명 변호사　네, 판사님. 모든 분들이 잘 알고 계시듯이 한반도 최초의 국가인 고조선은 단군왕검이 나라를 세운 이후 원고 준왕에 이르기까지 평화롭게 이어져 내려오고 있었습니다. 가까운 중국에서는 우리 민족을 '백의민족(白衣民族)'이라 칭하며 흠모했고, 사람들은 서로 도우며 평화롭게 살고 있었지요. 그런데 어느 날이었습니다. 이웃 연나라 왕 노관(盧綰)이 북방의 흉노국으로 도망가는 일이 생기자, 그의 부하였던 위만은 고조선의 변방으로 와 준왕의 신하가 되겠다고 청하였지요.

판사　그래서요?

나현명 변호사　▶너그러운 준왕께서는 그의 청을 받아들

백의민족
한민족은 흰옷을 즐겨 입었다고 하는데, 중국 문헌인 『삼국지(三國志)』에 부여 사람들이 흰옷을 입었다는 기록이 있습니다.

교과서에는

▶ 기원전 2세기경, 고조선 서쪽 지방에서 세력을 키운 위만이 준왕을 몰아내고 왕이 되었습니다. 위만은 준왕의 신임을 받아 서쪽 변경을 수비하는 임무를 맡았습니다. 그는 그곳에서 점차 자신의 세력을 키워 기원전 194년, 수도인 왕검성에 쳐들어가 준왕을 몰아내고 스스로 왕이 되었습니다.

여 위만에게 서쪽 땅을 주어 다스리게 하였지요. 그러면 위만은 황송하게 생각하고 신하로서 충성을 다했어야 하지 않습니까? 하지만 그는 곧 왕의 자리를 욕심냈고 기원전 194년 무렵, 준왕을 몰아내고 왕위를 차지하였습니다. 어디 그뿐인가요? 멋대로 왕위에 오르더니, 마치 단군이 세운 고조선의 정통성을 자신이 오롯이 이어받은 것처럼 우리 역사에서 주인 노릇을 하였습니다.

"세상에, 자신을 거둬 준 은혜를 원수로 갚는다더니, 위만왕이 어떻게 준왕을 배신하고 왕위를 빼앗을 수 있어?"
"그러게 말이야, 준왕이 불쌍하다."
원고 측 나현명 변호사의 진술에 방청객들이 술렁거리자, 강인한 변호사가 황급히 자리에서 일어났다.

강인한 변호사   네, 위대하신 위만왕이 준왕의 뒤를 이은 것은 맞습니다. 하지만 당시는 자고 일어나면 새로운 나라가 생겼다 사라지는 정복 국가 시대였습니다. 무엇보다 고조선 백성들은 위만왕을 잘 따랐습니다. 위만왕 또한 고조선을 동북아의 강성한 나라로 발전시켰고요. 그래서 후손들도 위만왕의 업적을 기려 교과서에도 정당한 역사로 기록한 것입니다. 그런데 왜! 이제 와 준왕이 소송을 걸었는지 이해할 수 없네요.

판사   자자, 원고 측 이야기를 들어 보면 차차 알게 되겠지요. 먼저

왜 위만왕은 고조선을 계승했다고 할까?

이번 재판의 배경이 된 고조선이란 나라가 어떤 나라였는지 알아보 았으면 좋겠습니다.

판사의 말이 끝나자, 검게 그을린 얼굴의 나역사 박사가 재판정 앞으로 걸어 들어왔다. 막 발굴 현장에서 나오기라도 한 듯, 박사의 옷 여기저기에 흙먼지가 묻어 있었다.

강인한 변호사   그렇지 않아도 저기 들어오시는군요. 판사님, 고조선 에 대해 설명해 주실 역사학자 한 분을 증인으로 모셨으면 합니다.

판사   좋습니다. 증인은 간단히 자기소개부터 해 주시지요.

나역사   나는 조선의 역사를 바로 세우고자 자나 깨나 발로 뛰는 역사학자, 나역사라고 합니다.

판사   잠깐만요. 증인께서 방금 '고조선'을 '조선'이라고 말씀하셨 는데, 조선은 1392년에 이성계가 세운 나라 아닌가요?

나현명 변호사   판사님! 그 점에 대해서는 제가 설명하겠습니다. ▶고조선(古朝鮮)은 말 그대로 '옛 조선'을 뜻하는데, 고조선이라 하 지 않고 조선이라 그냥 사용하면 '이성계가 세운 조선 왕조'와 헷갈 리기 때문에 조선보다 더 이전에 세워진 옛날 조선이라는 의미로 고조선이라 부르고 있는 것입니다. 에헴~.

판사   오, 원고 측 변호인께서 준비를 많이 하셨군요.

나현명 변호사   판사님, 뭘 이 정도로 놀라십니까? 그럼, 이왕 얘기가 나온 김에 한 말씀 더 드리지요. '고조선'이라

교과서에는

▶ 단군이 세운 조선은 이성 계가 세운 조선과 구별하여 고조선이라고 부르고 있습 니다.

는 표현은 고려 시대 일연 스님이 쓰신 『삼국유사』에 처음 나오는데요, 이 책에서는 피고 위만왕이 세운 조선과 단군이 세운 조선을 구분하고자 이렇게 적고 있습니다. 따라서 고조선은 위만이 왕위를 빼앗기 전의 조선만을 말하는 것이지요.

판사 그렇군요. 나현명 변호사 덕분에 많이 알게 되었네요. 그런데 증인께 질문 하나 하겠습니다. 고조선이란 나라는 언제 생겨난 것입니까? 기원전 2333년이라던데, 그럼 지금부터 4000년도 더 되었단 말인가요?

나역사 그게 말이죠……, 대개 기원전 2333년에 고조선이 처음 건국되었다고 보는데, 어디 한번 따져 봅시다. 『삼국유사』에는 단군이 나라를 세운 때가, 중국의 요임금이 왕위에 오른 지 50년 되는 해라는 기록이 있습니다. 구체적으로 요임금이 왕위에 오른 연대를 제시하지는 않았고요. 하지만 조선 시대 초기의 역사책 『동국통감』에는 요임금의 건국 연대를 기원전 2357년으로 기록한 중국 책을 참조하여 그로부터 25년 뒤에 단군이 나라를 세웠다고 봅니다. 모르긴 몰라도 지금의 교과서 역시, 단군의 건국 연대를 가장 올려 잡은 『동국통감』의 이러한 기록을 중시해서 고조선이 기원전 2333년에 세워졌다고 보는 것 같습니다.

강인한 변호사 그렇다면 증인, 청동기 시대가 대개 기원전 15~기원전 13세기에 걸쳐 시작되었다고 하는데, 고조선 건국 시기를 기원전 2333년이라고 한다면 고조선은 신석기 시대에 이미 건국되었다

왜 위만왕은 고조선을 계승했다고 할까?

는 말입니까? 좀 이상한데요? 고대 국가는 대개 청동기 문화를 바탕으로 세워졌다고 보니까요.

나역사 네. 말씀하신 대로 기원전 2000년 전후라면 한반도와 그 주변 지역은 신석기 시대였습니다. 그때까지만 해도 국가는 존재하지 않았고, 사람들은 공동체를 이루며 평등하게 살았지요.

▶일반적으로 동아시아 지역에서 청동기 문화는 기원전 15세기경에 시작되었다고 봅니다. 한반도에서의 청동기 문화는 이보다 조금 더 늦은 기원전 10세기 무렵부터 시작되었다고 보고요. 이 시기부터 여러 지역에 정치 집단이 등장했지요. 그러니까 최초의 정치 집단인 고조선이 세워진 것도 청동기 문화가 시작된 기원전 8~기원전 7세기쯤으로 보는 것이 타당합니다.

강인한 변호사 판사님, 제가 제출한 첫 번째 자료를 봐 주십시오.

판사 중국의 『전국책(戰國策)』과 『사기(史記)』의 내용이군요. 여기에는 기원전 4~기원전 3세기 무렵, 조선이란 나라의 지배자가 '왕'이라 칭하고 연나라와 힘을 다투었다고 나오네요?

나역사 그렇습니다. 따라서 고조선은 적어도 기원전 4세기 무렵, 더 올려 잡아도 기원전 8~기원전 7세기 무렵에 비로소 존재했다고 봐야 할 것 같습니다.

『전국책』
중국 전한 시대의 유향이라는 사람이 전국 시대(기원전 475~기원전 222)의 수많은 제후국 전략가들의 정치, 군사, 외교 등 책략을 모아 기록한 책입니다.

『사기』
중국의 유명한 역사가 사마천에 의해 한(漢)나라 무제 때 쓰인 역사서로 신화시대부터 전한(前漢) 초기인 기원전 2세기 말 한 무제 때까지의 역사를 다루고 있습니다. 사마천이 10여 년의 기간 동안 각고의 노력 끝에 완성한 『사기』는 역대 중국 정사의 모범이 된 기전체(紀傳體)의 효시로 평가받고 있습니다. 참고로 우리나라에는 기전체로 쓰인 삼국 시대의 정사를 기록한 김부식의 『삼국사기』가 있지요.

교과서에는

▶ 기원전 2세기경, 고조선 서쪽 지방에서 세력을 키운 위만이 준왕을 몰아내고 왕이 되었습니다. 신석기 시대에 이어 기원전 10세기경, 한반도에서는 청동기 시대가 전개되었지요.

일제 식민 사관
일본이 한국 침략과 식민 통치를 합리화하고, 우리 민족의 자주적인 역사 발전을 부정하기 위해 만들어 낸 역사관을 말합니다. 우리 역사에서 발전하지 못하고 정체되었던 시기나 남에게 의존하는 타율적인 면만을 부각시켜 민족의식을 말살하려 했지요.

"뭐야, 그럼 고조선이 기원전 2333년에 세워진 게 아니란 말이야? 난 또 워낙 오랜 역사를 자랑한다기에 그 말을 철석같이 믿고 있었는데……."

"교과서에서 그렇게 배웠는데 무슨 소리야? 나역사라는 사람, 괜히 우리 민족의 역사를 축소하려는 거 아냐? 기원전 8~기원전 7세기쯤이라니, 말도 안 돼……."

"그러게 말이야. 옛날 일제 강점기 때 일본 사람들이 우리나라 역사를 깎아내리려고 일부러 그랬다는 얘기를 들은 적이 있는데……."

기원전 2333년, 태백산 꼭대기 신단수 아래에서 건국된 줄 알았던 고조선이 그보다 한참 뒤인 기원전 7세기 전후에 세워졌다는 말에 방청석이 술렁였다.

판사　자자, 다들 조용히 해 주십시오. 증인은 계속해 주시지요.

나역사　뭐, 괜찮습니다. 그렇지 않아도 내가 이렇게 말하면 '일제 식민 사관의 영향'이라는 등 '고대사 축소의 음모'라는 등 말이 많습니다. 하지만 나는 상관하지 않습니다. 자기 민족의 역사를 돋보이게 하려고 있지도 않은 진실을 부풀리는 것이야말로 쓸데없는 열등감이 아니겠습니까? 중요한 것은 우리 겨레의 뿌리를 정확하게 아는 것이지요.

판사　그렇군요. 그렇다면 과연 누가, 고조선이라는 나라를 세웠는지에 대해서도 알아보았으면 합니다.

나현명 변호사　　판사님, 고조선의 정통성을 오롯이 물려받은 위대한 고조선의 왕, 준왕을 모시고 이에 관한 이야기를 들었으면 합니다.

강인한 변호사　　판사님, 이의 있습니다. 지금 원고 측 변호인은 마치 피고 위만왕이 고조선의 왕이 아닌 것처럼 말하고 있습니다. 확인되지 않은 사실로 변론하는 것에 주의를 주시기 바랍니다.

판사　　인정합니다. 원고 측 변호인, 주의해 주시기 바랍니다.

나현명 변호사　　그러지요.

판사　　그리고 원고 준왕은 먼저 자기소개를 해 주시기 바랍니다.

준왕　　에헴, 나는 뼈대 있는 단군 조선의 정통성을 이어받은 준왕이라고 합니다. 신성한 한국사법정에서 진실만을 말할 것을 약속드리면서, 먼저 우리 단군 조선이 세워진 배경부터 말씀드리겠습니다. 하늘의 신 환인의 아들, 환웅은 인간 세상에 내려와 웅녀와 결혼을 했고, 웅녀와의 사이에서 단군왕검을 낳았습니다. 단군왕검은 나라 이름을 '조선'이라 정하고, 백성들을 다스리기 시작했는데, 이것이 바로 단군 조선의 시작이지요.

강인한 변호사　　고조선의 신화는 익히 들어 알고 있습니다만 원고, 환웅이 지상에서 여자로 변한 곰과 결합해 단군을 낳았다는 이야기는 도저히 있을 수 없는 일 아닙니까?

준왕　　그걸 트집 잡으실 줄 알았습니다. 단군이 하늘을 상징하는 환인의 아들 환웅과 땅을 상징하는 곰의 결합으로 태어났다는 것은, 하늘과 땅의 신비스러운 결합으로 우리 겨레가 탄생했음을 의미합니다. 고조선의 지배자들은 자신이 곧 하늘의 선택을 받아 왕이 되

한국 정부 지정 표준 단군 영정(왼쪽)과 묘향산에서 발견되었다는 단군 영정

었다는 사실을 알리고 싶어 한 것이지요.

나현명 변호사　　　그런데 원고, 단군왕검이 특정 인물을 가리키는 것이 아니라는 말이 있던데요.

준왕　　　그렇습니다. 단군왕검은 특정 인물의 이름이 아니라, 그 시대의 지배자를 일컫는 말이라 할 수 있습니다. '단군'은 제사장을 의미하고 '왕검'은 정치 지배자를 뜻하니까, ▶단군왕검은 한 사회의 지배자가 제사장과 정치 지배자의 역할을 모두 맡았음을 의미하지요.

준왕이 말을 마친 듯 보이자 조금 전 증인으로 나왔던

교과서에는

▶ 단군은 제정일치(祭政一致)의 지배자를 의미합니다. 당시 사람들은 고조선이 성장하고 주변 부족을 지배하기 위해 자신들의 조상을 하늘에 연결 지어 생각했습니다.

역사학자가 천천히 손을 들며 헛기침을 크게 했다. 그러자 준왕의 이야기를 한참 듣고 있던 방청객들은 일제히 그에게로 고개를 돌렸다.

판사   증인, 하실 말씀 있습니까?

나역사   단군 신화에 관한 정확한 기록이 없다 보니 아무래도 내가 할 말이 좀 많군요. 단군 신화는 지배자들이 백성들을 잘 다스리기 위해 고조선이라는 나라를 세운 내력을 신화로 만든 것입니다.

강인한 변호사   그러니까 증인 말씀은, 단군 신화는 국가가 세워질 무렵의 시대적 상황을 설명해 줄 뿐, 신화 그 자체를 역사적 사실로 받아들일 수는 없다는 것이시지요?

"아니, 나역사라는 사람은 도대체 뭐야?"

"그러게. 조금 전에는 고조선이 기원전 2333년에 세워진 게 아니라고 하더니, 이제는 단군왕검까지 실제로 있었던 사람이 아니란 말이야?"

나역사   그렇습니다. 하지만 ▶신화는 단순히 꾸며 낸 이야기가 아니라 어느 정도 역사적 진실을 포함하고 있습니다. 때문에 단군 신화를 통해서 고조선이 세워질 당시의 상황을 짐작할 수 있는 것이지요.

판사   자자, 지금까지의 증인 말을 정리하면 단군 이야기는 '역사적 상황을 담고 있는 신화'라고 이해하면 되겠

교과서에는

▶ 신화는 당시 사람들의 관심이 반영되는 것으로 역사적 의미가 담겨 있습니다. 이것은 모든 신화의 공통된 속성인데, 단군의 기록도 청동기 시대를 배경으로 고조선이 성립한 역사적 사실을 반영합니다.

습니까?

나역사   네, 판사님. 신화 자체가 바로 역사가 되는 것은 아닙니다. 하지만 신화 속에서 역사적 사실을 가려낼 수 있어야 하며, 그것이 바로 나 같은 역사학자들의 숙제이지요.

고조선 건국 신화

옛날 환인의 아들 환웅이 세상에 내려가 인간 세상을 구하고자 하므로 아버지가 환웅의 뜻을 헤아려 천부인(하늘의 뜻을 새긴 도장) 세 개를 주며 지상에 내려가 인간을 다스리라고 했습니다. 환웅은 무리 3000명을 거느리고 오늘날, 평안도 지역의 묘향산으로 짐작되는 태백산 신단수에 내려와 그곳을 신시(神市)라 일렀습니다. 환웅은 바람 신(풍백), 비 신(우사), 구름 신(운사)을 거느리고 곡식과 생명, 질병, 형벌, 선악 등 360여 가지나 되는 세상의 일을 맡아 다스렸습니다.

이때 곰 한 마리와 호랑이 한 마리가 환웅에게 사람이 되게 해 달라고 빌었습니다. 환웅은 이들에게 신령스러운 쑥 한 줌과 마늘 20쪽을 주면서, 이를 먹고 100일 동안 햇빛을 보지 않으면 사람이 된다고 일렀습니다. 곰은 잘 참아 세이레(3×7=21일) 만에 여자가 되었으나, 호랑이는 이를 못 참아 사람이 되지 못했습니다. 여자가 된 곰, 곧 웅녀는 혼인하려는 이가 없어 신단수 아래에서 아이를 갖게 해 달라고 기원했습니다. 이에 환웅이 잠시 변하여 혼인을 하고 아이를 낳으니, 그가 곧 단군왕검입니다.

왕검은 요임금이 즉위한 지 50년 되는 해에 평양성에 도읍을 정하고 비로소 조선이라 이름 지었습니다.

『삼국유사』

단군 신화, 역사일까 신화일까?

고대 사회의 지배자들은 건국 신화를 만들어 자신들의 지배가 신성하고, 정당하다는 것을 홍보하는 사상적 도구로 활용했습니다. 단군 신화 역시 고조선이라는 국가가 세워진 이래 사람들의 입에서 입으로 전해지다가 고려 시대에 정리된 것이지요. 단군 신화는 말 그대로 단군을 주인공으로 하는 신화랍니다.

『삼국유사』에 전하는 단군 신화는 그 내용 구성에 따라 크게 세 부분으로 나누어 볼 수 있는데요. 첫 부분은 옛날에 환인이 있었는데, 서자 환웅이 인간의 360여 가지 일을 주관하고 세상에 살면서 정치와 교화를 하였다는 환웅천왕에 관한 내용입니다. 중간 부분은 단군의 일생에 관한 내용이고, 마지막 부분은 조선의 건국 및 통치에 관한 내용으로, 조선 왕국의 변천 과정을 간략히 서술하고 있지요.

이러한 단군 신화는 결국 우리 겨레가 처음으로 나라를 창건했던 역사적 경험을 신들의 이야기, 즉 신화로 이야기한 것이라 할 수 있습니다. 따라서 신화의 내용은 완전히 꾸며 낸 이야기도 아니고, 그렇다고 역사적으로 존재했던 사실 그대로를 서술한 것도 아니지요.

단군 신화 역시 청동기 문화를 기반으로 하는 정치 세력이 여러 부족을 통합하고, 고조선을 세우면서 자신들의 집권이 정당하고 합법적인 절차에 의한 것이었음을 뒷받침하기 위한 사상으로 만들어진 것이라 할 수 있답니다.

고조선은
어디에 있었을까?

판사   그렇다면 고조선은 어디에 있었습니까? 한때 고조선이 중국의 요동과 요서 지역 일대까지 지배했다는 말이 사실인가요?

강인한 변호사   판사님, 그 점에 관해서도 역시 나역사 증인의 증언을 들어 보면 좋겠습니다.

판사   허락합니다. 증인, 말씀하시지요.

나역사   판사님께서 말씀하신 것처럼, 일부 학자들은 고조선이 만주 벌판을 휘젓던 대제국이었다고 말하기도 합니다만, 내가 사료를 살펴본 결과 이 점 또한 의심스럽다고 말씀드리고 싶네요.

판사   그렇다면 증인은 고조선의 근거지를 어디라고 보십니까?

나역사   안타깝게도 고조선 영역에 관한 기록은 거의 찾아볼 수 없습니다. 그래서 역사학자나 고고학자들이 발굴한 고조선 관련 유적과 유물들이 중요한 사료가 되고 있지요. ▶지금까지 발견된 유물들로 추정해 볼 때, 고조선의 영역은 한반도 서북부와 랴오둥 지역에 이르렀던 것으로 보입니다.

강인한 변호사   그렇게 주장하시는 특별한 근거라도 있습니까?

나역사   ▶▶청동기 시대에 한반도와 가까운 랴오둥 지역을 한반도 서북부 지역과 비교해 보면, 고인돌을 비롯해 미송리형 토기, 비파형 동검 등이 많이 발견되는 것을 알 수 있습니다. 두 지역 모두 서로 형태가 비슷해 같은 주민 집단들이 남긴 것으로 추측할 수 있지요.

강인한 변호사   고인돌이라면 그 'ㅠ' 자 모양으로 생긴 무덤을 말하는 것인가요?

나역사   그렇습니다. 그 아래에서 사람 뼈와 같은 여러 가지 부장품이 나와 무덤임을 알게 되었지요. 그리고 랴오둥 지역에서 나온 고인돌이 한반도 서북부 지역에서도 수천 기 이상 발견되었습니다. 그래서 이곳은 탁자 모양 고인돌의 중심지라 할 수 있습니다.

강인한 변호사   그렇다면 토기들은 어디서 나온 겁니까?

나역사   서북부 지역의 고인돌 아래에서는 팽이처럼 밑이 좁아지는 팽이형 토기가 많이 출토되었고, 랴오둥 지역에서는 비파형 동검과 함께 미송리형 토기가 많이 나왔습니다. 참고로 미송리형 토기는 평안북도 의주군 미송리에서 처음 출토되어 미송리형 토기라는 이름이 붙었지요.

판사   랴오둥 지역과 한반도 서북부 지역에서 나오는 고인돌과 질그릇의 형태가 비슷하기 때문에 이 두 지역에 같

교과서에는

▶ 만주 랴오닝 지방과 한반도 서북 지방에는 족장이 다스리는 많은 부족이 있었는데, 단군은 이러한 부족들을 통합해 고조선을 건국했습니다.

▶▶ 고조선의 세력 범위는 청동기 시대를 특징짓는 유물인 비파형 동검과 고인돌이 나오는 지역과 관계가 깊습니다.

고조선의 영역은 한반도 서북부와 랴오둥 지역에 이르렀던 것으로 보입니다.

은 주민들이 살았다고 보는 것이군요.

나역사 청동기 시대에 탁자 모양 고인돌을 사용한 집단은 랴오둥 지역과 한반도 서북부 지역에 걸쳐 살았는데, 그런 사람들은 고조선 말고는 없다고 보입니다.

판사 그렇다면 일부 학자들이 주장하는 것처럼 고조선이 서쪽으로는 베이징 근처의 롼허강, 동북쪽으로는 헤이룽(黑龍)강 일대까지

미송리형 토기(왼쪽)와 팽이형 토기(오른쪽). 랴오둥 지역에서는 비파형 동검과 함께 미송리형 토기가, 서북부 지역의 고인돌 아래에서는 팽이처럼 밑이 좁아지는 팽이형 토기가 많이 출토 되었습니다.

지배한 거대 국가였다고 보는 것은 조금 무리가 있겠네요.

나역사　　그렇습니다.

판사　　그렇다면 증인, 우리 고유의, 그러니까 고조선만의 청동기 문화라고 말할 수 있는 것은 무엇이 있습니까?

나역사　　일단 우리 고유의 청동 유물은 중국 황허 유역이나 내몽골의 남쪽 끝 지역인 오르도스에서 발견되는 것과는 많이 다른데요. 한반도 청동기의 특징을 잘 보여 주는 유물은 바로 청동 검과 청동 거울입니다.

나현명 변호사　　판사님, 이쯤에서 당시 청동으로 갖가지 물건들을 만들었던 주물자 씨를 증인으로 모셔 이야기를 들어 보는 것이 좋을 것 같습니다.

판사가 허락하자 증인 주물자가 나와 선서를 했다.

비파

한국·중국·일본 등지에 퍼져
있는 악기로 손가락 등으로 퉁겨
소리를 냅니다.

주물자 안녕하세요. 주물자라고 합니다. 당시 나는 손재
주가 뛰어나 이름을 날렸지요. 뭐, 내가 만든 검이나 거울
은 마을에서도 가장 잘나가는 권력가들만이 탐을 낼 수 있었습니다.
하하.

나현명 변호사 증인은 청동으로 주로 무엇을 만드셨습니까?

주물자 검과 같은 무기를 많이 만들었습니다. 날카롭고 잘 깨지
지 않는 청동제 무기는 싸울 때 위력이 강하고 수명도 길었지요. 검
은 나라마다 모양이 조금씩 달랐는데요. 예를 들어 중국의 검은 직
선으로 죽 뻗은 모양인 데 반해, 랴오닝 지방과 한반도에서 사용된
청동 검은 칼날의 모양이 옆으로 약간 볼록합니다. 후손들은 이 검
이 비파라는 악기를 닮았다고 하여 비파형 동검이라고 부르더군요.
여기, 내가 하나 가져왔소이다.

"이야, 이게 그 말로만 듣던 '비파형 동검'이란 거구나. 확실히 중
국 것하고는 차이가 있네."

"뭐야, 아무리 쳐 봐도 비파 소리 같은 게 나지 않는데?"

"자네, 증인 말을 제대로 듣기는 한 건가? 비파처럼 생겨서 비파
형 동검이라 하지 않았나."

늘 역사책에서만 청동제 검을 보아 온 변호인들과 방청객은 다들
신기함에 눈이 휘둥그레졌다.

청동 검인 비파형 동검(왼쪽)은 랴오닝 지방과 한반도에서 발견되었고, 오르도스식 동검(오른쪽)은 중국 황하 유역이나 내몽골의 남쪽 끝 지역에서 주로 발견되었습니다.

나현명 변호사　증인, 그런데 한반도에서 발견되는 검들 중에도 이런 비파형 동검 말고 중국의 검처럼 날렵하게 생긴 것이 있던데요. 그건 어떻게 된 일이죠?

주물자　기원전 4세기 무렵이 되면서부터는 비파형 동검의 칼날이 더욱 단단해지고 세련된 모양으로 바뀌어 갔습니다. 이 칼은 길고 가느다란 모양이라 세형 동검이라 불렀지요.

나현명 변호사　그런데 이 세형 동검도 그렇고 비파형 동검도 그렇고, 중국 칼은 날이 아주 판판한데 랴오닝과 한반도에서 발견된 칼에는 중간에 홈이 길게 파여 있군요.

주물자　변호사님, 예리하시군요. 그뿐만이 아닙니다. 랴오허강을

　왜 위만왕은 고조선을 계승했다고 할까?

기준으로 서쪽 지방에서는 사람들이 칼자루나 그 끝 부분에 짐승 등을 조각한 데 비해, 한반도와 랴오허강 동쪽에서 발견되는 비파형 동검에는 아무런 장식이 없습니다.

나현명 변호사   저, 잠깐! 궁금한 점이 있습니다. 청동 검이나 청동 거울, 방울이나 청동 단추 등에도 여러 가지 기하학적인 무늬가 새겨져 있었던 것 같은데요.

주물자   네, 맞습니다. 이거야 원, 아무래도 오늘 이 짐 보따리를 다 펼쳐 보여야겠군요.

다뉴조문경은 제사장이 하늘에 제사를 지낼 때 목에 걸거나 옷에 매달았던 거울이지요. 중국은 거울 뒷면에 동물 같은 구체적인 형상을 새겼지만, 다뉴조문경에는 선이나 도형 같은 기하학적 무늬를 주로 새겼어요. 무늬의 형태도 많은 변화가 있었는데, 거친 줄무늬가 가는 잔무늬로 바뀌고 생김새도 세련된 세문경(細文鏡)으로 발전시켜 나갔지요.

증인 주물자가 가져온 보자기를 펼치니 청동 거울이며 방울, 청동 단추 등이 한꺼번에 와르르 쏟아졌다. 그 가운데 '다뉴조문경(多紐粗文鏡)'이라는 청동 거울이 유독 사람들의 관심을 끌었다. 증인 주물자는 다뉴조문경을 손에 들고 어깨를 한번 으쓱하며 설명을 시작했다.

판사　　그러니까 한반도 일대의 고조선은 중국과 달리 독특한 청동기 문화를 가졌군요.

나역사　　그렇습니다. 이런 여러 가지 사료들을 과학적으로 분석해 보면 우리 민족의 본거지를 냉정하게 살펴볼 수 있지요.

3

고조선 사람들은
어떻게 살았을까?

판사   말씀 잘 들었습니다. 증인은 자리로 돌아가셔도 좋습니다. 그런데 청동기를 사용하게 되면서 백성들의 생활도 이전과는 달라졌을 것 같은데, 고조선 사람들은 어떻게 살았을까요?

강인한 변호사   판사님, 고조선 하면 대부분의 사람이 주로 단군 신화나 영토 등에만 관심을 갖다 보니 정작 일반 백성들의 삶이 잘 드러나지 않은 것이 사실인데요. 그래서 피고 측에서 당시 고조선에서 살았던 최고령 씨를 어렵게 증인으로 모셨습니다. 지금 증인을 불러 주시기 바랍니다.

판사가 허락하자, 증인 최고령이 천천히 증인석으로 걸어 나왔다.

최고령   아이고, 도대체 얼마 만에 이렇게 바깥 세상에 나와 보는지 모르겠구먼!

판사   이제 보니 증인은 내가 역사공화국에 온 이래 가장 연세가 많으신 분 같군요. 이렇게 어려운 걸음 해 주셔서 감사합니다.

최고령   뭐, 나도 불러 주셔서 고맙게 생각하오. 그나저나 판사 양반, 재판 시간이 좀 남았기에 내가 법정 여기저기를 좀 기웃거려 봤는데 웬 법이 그렇게 많던지……. 일단 헌법만 보더라도 민법, 상법……. 머리 아프게 그게 다 무슨 말이오? 우리 때는 딱 8개밖에 없었는데…….

나현명 변호사   오호, 그게 바로 말로만 듣던 '범금8조'라는 것이군요. '어기는 것을 금하는 여덟 가지 조항'이라는 뜻이지요? 사람들은 흔히 '8조법금'이라고도 부르는데, 증인께서 자세히 설명 좀 해 주시겠습니까?

최고령   그러지요. 한번 들어 보세요.

▶첫째, 사람을 죽인 자는 사형에 처한다.

둘째, 남에게 상해를 입힌 자는 곡식으로 갚는다.

셋째, 도둑질한 자는 노비로 삼되, 노비를 면하고자 할 때는 50만 전을 내야 한다.

등의 조항이 있소이다. 간단하게 들리지만 매우 엄격한 법이었지요.

나현명 변호사   이 세 가지 조항만 보더라도 고조선 사람들이 생명과 재산을 매우 소중히 했다는 것을 짐작할 수

교과서에는

▶ 고조선에는 사회 질서를 유지하기 위한 8개 조항의 법률이 있었는데, 3개 조항만 오늘날까지 전해집니다. 이 조항들로 고조선의 사회 모습을 짐작해 볼 수 있지요.

있겠네요. 참, 두 번째 조항을 보면 곡식으로 갚는다고 했
는데 당시 농사를 많이 지었나요?

최고령   자, 이것들을 한번 보시지요.

등 뒤의 봇짐을 만지작거리던 최고령 씨는 곧 돌로 정교
하게 만든 농기구들을 쏟아 냈다. 따비, 반달 돌칼, 바퀴날
도끼, 홈자귀 등 그 이름부터가 아주 특이해서 방청객들은
어리둥절하기만 했다.

최고령   청동기를 사용했다고는 하지만, 우리 같은 백성들은 장인
들이 만든 청동제 물건을 볼 일이 아주 드물었습니다. 그래서 보습
이나 낫 같은 농기구는 여전히 돌과 나무로 만들어 사용했지요. 이
것들로 조, 피, 수수, 기장, 콩, 보리 등을 재배했고요.

나현명 변호사   그러면 벼농사는 짓지 않았나요? 예전에 뉴스에서
보니까 유적지에서 불에 탄 쌀알이 발견되기도 했던데……

최고령   시간이 흐르면서 물기가 많고 지대가 낮은 땅을 골라 벼
농사도 지었습니다. 그뿐만 아니라 따비로 땅을 갈고 이랑을 만들어
갖가지 작물을 재배하기도 했지요. 봄이면 괭이나 홈자귀로 땅을 일
궈 곡식을 심고, 가을에는 반달 돌칼로 이삭을 베었습니다. 그 당시
에는 집 근처 땅에 농사짓는 것을 당연하게 생각했지요. 참, 우리는
가끔 쌀밥을 절구에 찧어 떡을 만들어 먹기도 했습니다.

나현명 변호사   떡이라고요? 오, 당시 절구도 있었다는 말인가요?

고조선 시대 사용한 것으로 보이는
철제 창과 도끼 그리고 재갈

최고령　　네, 물론입니다. 절구뿐만 아니라 곡식의 껍질을 쉽게 벗
길 수 있도록 갈돌과 갈판이라는 것도 사용했습니다. 쌀가루로 시루
떡 같은 것도 만들었고요.

　　방청객들은 이미 2000년도 전에 한반도에 살던 조상들이 떡을 해
먹었다는 말에 놀라는 듯했다.

최고령　　특별히 오곡을 재배해서 먹기도 했지만 가을이면 산에 올
라가 밤, 대추, 배와 같은 과일을 따 먹었습니다. 또 집 근처 산에 올
라가면 언제든 고사리, 미나리, 도라지 같은 산나물을 구할 수 있었
는데, 이런 나물들은 삶아서 마늘이나 소금 등으로 간을 해 맛을 낸
후 먹기도 했어요.

나현명 변호사　　고조선 사람들은 우리가 생각했던 것보다 훨씬 풍
요로운 생활을 했던 것 같습니다. 당시 사람들이 양념까지 사용했으

　　왜 위만왕은 고조선을 계승했다고 할까?

리라고는 정말 상상도 못 했습니다. 그런데 농사가 잘되려면 비도 적당히 내려야 하고 햇볕도 쬐어야 하지 않습니까? 지금이야 가뭄에도 관개 시설을 이용해 물을 댈 수 있지만 그때는 어려운 점이 많았을 것 같습니다.

최고령   당시 사람들은 하늘을 올려다보고 별의 위치를 가늠해 언제 씨를 뿌리고 추수를 할지 계획을 세웠습니다.

판사   그게 바로 천문학 아닌가요?

최고령   요즘 사람들은 그렇게 부르나요? 뭐, 어떻게 부르든 상관없지요. 그때 이미 우리는 계절에 따라 별자리의 모양과 위치, 크기가 달라지는 것을 파악했으니까요. 그때는 지금처럼 대기 오염도 심하지 않아서 하늘의 별자리를 아주 잘 볼 수 있었습니다.

나현명 변호사   정말 대단합니다.

재판을 지켜보던 나역사 박사는 옆 사람에게 평안남도 증산군 고인돌의 덮개돌에 별자리를 새긴 흔적이 있다고 알려 주었다.

최고령   하지만 백성들이 가뭄이 들거나 홍수가 나는 것까지 막을 수는 없었습니다. 흉년이 들면 백성들은 나무 열매나 뿌리 따위를 구하러 산으로 들로 헤매고 다녔지요. 그래도 주린 배를 채울 수 없으면 왕을 원망했습니다.

나현명 변호사   왕을 원망하다니요?

오곡
주요 곡물 5가지를 말하는데, 우리나라에서는 대개 쌀·보리·조·콩·기장을 오곡이라고 하지요. 시대나 지역에 따라 조금씩 다르고, 식생활의 변화에 의해서도 그 종류나 순서가 달라진답니다.

관개 시설
논밭에 물을 대는 시설을 말합니다. 우리나라는 강수량이 일 년 내내 고르지 않고, 필요한 시기와 양 또한 작물마다 다르므로 물을 적절히 조절하는 관개 시설은 필수적이지요.

최고령　　　날씨가 고르지 못해 농사를 망치게 되면 왕이 하늘의 뜻에 따라 통치하지 못한 탓이라 여겼지요. 그래서 하늘에 기우제를 지내며 비를 내려 달라고 빌었습니다.

판사　　　고조선 사회에서 임금은 백성을 보살피는 존재였으니 그랬을 법도 하군요. 그런데 고조선 사람들은 생업을 위해 농사 외에 또 어떤 일들을 했습니까?

고조선 사람들의 생활 모습입니다. 어떤가요? 풍요롭지요?

왜 위만왕은 고조선을 계승했다고 할까?

최고령　　물론 사냥이나 고기잡이도 했습니다. 또 이 무렵부터 돼지, 소, 말, 개와 같은 짐승도 우리에 가두어 길렀고요. 이렇게 농경이 차츰 발달하면서 우리는 강을 앞에 둔 야산 아래나 나지막한 언덕 기슭에 살았습니다. 농민들 대부분은 직사각형으로 집을 짓고, 화덕을 두고, 창고와 같은 저장고도 따로 만들었습니다.

나현명 변호사　　판사님, 이를 증명하는 고조선의 유적지가 몇 군데 발견되었는데요. 역사학자께서 이에 대해 잘 알고 계십니다. 증인을 다시 모셔 설명을 들었으면 합니다, 판사님?

판사　　증인이 오늘 여러 번 수고해 주시네요. 증인은 나와서 말씀해 주시기 바랍니다.

나역사　　네, 판사님. 우리는 유적지를 조사하던 중, 한강 이남의 삼한(三韓) 지역에서 청동기 시대 사람들이 편평한 벼랑이나 큰 바위에 홈을 파서 그림을 그린 것을 발견했는데요. 특이한 것은 그림 밑에 제사를 지내거나 의식을 올릴 수 있을 만한 넓은 공간이 있었다는 점입니다. 이것은 바위그림이 단순한 낙서가 아니라는 뜻이지요.

강인한 변호사　　네? 그럼 그 옛날 사람들도 신성한 존재를 그림으로 표현하고 그 앞에서 제사를 지냈다는 말인가요?

나역사　　네, 그랬을 것으로 판단됩니다. 여기, 이 사진을 보시지요.

　　역사학자가 펼쳐 든 사진에는 울산시 대곡리에 있는 바위 절벽들이 병풍처럼 펼쳐져 있었다.

　　"어머, 저거 멧돼지랑 고래 아니야?"

울주 대곡리 반구대 암각화. 울산광역시 울주군에 있는 선사 시대의 암각화로 1995년에 국보 제285호로 지정되었답니다. 바위 면에는 사람과 고래, 늑대, 개 등의 형상과 사냥하는 광경, 풍요와 안정을 기원하는 그림 등이 새겨져 있습니다.

왜 위만왕은 고조선을 계승했다고 할까?

"그 옆을 좀 봐, 저건 사람을 그린 것 같은데?"

"도대체 저 큰 그림을 누가, 어느 세월에 그렸을까?"

방청객들이 저마다 한마디씩 하느라 법정이 떠들썩했다.

나역사　방청객 여러분이 말씀하신 것처럼 ▶이 반구대에는 작살에 꽂힌 고래, 새끼를 가진 물고기, 춤추는 무당 등 약 200점에 이르는 그림이 그려져 있습니다.

판사　그런데 왜 이런 그림들을 그린 걸까요? 규모도 엄청나서 도저히 혼자 그린 것으로는 보이지 않는데요.

나역사　아마도 어른들이 이 거대한 바위그림을 놓고, 아이들에게 사냥과 고기잡이를 가르쳤던 것 같습니다. 일종의 교과서라고 할까요? 또 마을 사람들은 험한 바다로 고기잡이를 나가기 전, 이 그림 앞에 모여 가족이 무사히 돌아오기를 기원했을 겁니다.

설명을 듣던 방청객들은 바위에 새긴 그림을 보면서, 그 옛날 어른들의 설명을 듣고 있는 아이들의 모습을 떠올렸다.

판사　당시 고조선 사람들의 모습을 엿볼 수 있는 귀중한 자료군요.

나역사　우리가 이 그림을 처음 발견했을 때는 놀라움에 숨조차 쉴 수 없었습니다. 이처럼 크고 다양한 내용을 담고 있는 반구대 바위그림은 처음이었거든요. 이 그림이 정

교과서에는

▶ 울주 반구대의 바위 그림은 당시 사람들의 생활 모습을 보여 줍니다.

순장

고대 사람들은 사람이 죽어 몸은 없어져도 영혼은 사라지지 않는다고 믿었습니다. 따라서 죽음은 끝이 아니며 저승에서도 삶이 이어진다고 생각했지요. 살아 있을 때 쓰던 물건과 거느렸던 노비들을 함께 매장한 것도 이 때문입니다.

확히 언제 그려졌는지는 알 수 없지만, 이 지역에 살던 사람들이 오랜 시간을 두고 그린 것만은 확실합니다.

판사　　증인, 그 시대를 직접 살았던 분이신데, 더 해 주실 말씀은 없습니까?

최고령　　그럼 한마디만 더 말씀드리지요. 고조선 사람들은 계절마다 종교적 의식을 치르거나 명절을 지냈는데요. 봄에는 제사상을 차려 농사가 잘되기를 빌었고, 가을에 농사가 잘되면 감사하는 마음으로 하늘에 제를 지냈습니다. 그리고 모든 사람이 어울려 밤낮으로 술과 음식, 노래와 춤으로 흥겨운 잔치를 즐겼지요.

판사　　한민족이 조상을 섬기던 정성은 이미 그때부터 대단했군요. 그렇다면 죽은 사람을 대하는 의식도 특별했을 것 같은데, 어떠했나요?

최고령　　물론 그랬습니다. 고조선 사람들은 사람이 죽으면 언젠가 다시 살아나거나, 아니면 저세상에서 계속 살아간다고 믿었지요. 그래서 권력을 가진 사람이 죽으면, 살아 있을 때 그가 부리던 사람들까지 산 채로 무덤에 묻었습니다. 많은 경우, 100여 명의 노비들이 주인과 함께 순장되었지요.

강인한 변호사　　순장의 풍습이 고조선 시대에 이미 존재했군요. 그런데 농사를 짓기 위해 일할 사람이 많이 필요했을 텐데요?

최고령　　맞습니다. 우리도 차츰 노동력의 중요성을 깨달아, 누군가 죽으면 노비 등을 함께 묻는 대신 죽은 이가 생전에 사용하던 물건

여대시 강상무덤의 고인돌. 강상무덤 지구에는 20여 기의 무덤이 발굴·조사되었고, 각종 무기류를 비롯한 청동기와 석기, 질그릇 등 여러 점의 유물이 출토되었습니다.

을 부장품으로 넣거나 벽화를 그리기 시작했지요.

판사   그렇군요. 그런데 전 고조선 사람들의 옷에 관한 생활도 궁금합니다. 평소에 어떤 옷을 입었나요?

최고령   백성들은 흰옷을 좋아해서 주로 하얀색 베로 소매가 넓은 겉옷인 포(袍)와 바지를 지어 입었습니다. 남자는 바지나 저고리를 입고, 여자들은 치마를 입었지요. 그리고 이런 풍습은 대대로 이어져 삼국 시대에 가서도 여전했습니다.

판사   그렇군요. 오늘 참석한 증인들 덕분에 고조선 사회에 관해 많은 것을 알게 되었네요.

강인한 변호사   판사님, 잠깐만요. 나역사 증인께서 자신이 직접 고

왜 위만왕은 고조선을 계승했다고 할까?

선양 정가와자 박물관. 현재는 폐쇄된 상태로 외부인 출입이 안 됩니다. 다만 건물 외벽에 그려진 그림으로 추정해 볼 때, 청동 검과 거울 등이 출토되었을 것으로 보입니다.

조선 시대의 유적지 한 곳을 다녀왔다고 하십니다. 증인에게 그 이야기를 조금 더 들어 보면 어떨까요?

판사   좋습니다. 그런데 증인, 그곳이 어디입니까?

나역사   내가 다녀온 곳은 중국 선양(瀋陽)시에 있는 정가와자(鄭家窪子) 유적지입니다.

판사   정가와자 유적지요?

나역사   네, 바로 이곳에서 고조선의 지배자가 묻힌 유적이 발견되었습니다. '정가와자'라는 이름은 이곳에서 정씨 성을 가진 사람이 오래전부터 살았다고 해서 붙여졌지요. 그런데 여러분, 혹시 이곳을 들르실 일이 있으면 먼저 주변을 유심히 살펴보시기 바랍니다.

정가와자 6512호 무덤 주인의 유물. 청동 검과 청동 거울, 가죽 신발 등을 착용한 정가와자 무덤의 주인은 기원전 6~기원전 5세기 고조선 지배자의 위상을 잘 보여 줍니다.

'청동'이라는 단어가 유난히 눈에 들어올 것입니다. 주소도 집집마다 '청동로 ○○번지'로 되어 있고, 도로변에 '청동 상가'라는 큰 상점도 있거든요.

판사   왜 청동이라는 말이 여기 저기 사용되는 건가요?

나역사   이곳에서 청동 칼 등이 묻힌 무덤이 발견됐기 때문입니다. 지금은 이 자리에 박물관을 세우고, 건물 안에 진열했던 전시품을 모두 다른 곳으로 옮겨 사람들의 출입을 막고 있습니다. 하지만 건물 외벽에 그려진 그림만으로도 이 유적에서 청동 칼과 청동 거울 등 청동 유물들이 발견된 것을 확인할 수 있지요.

강인한 변호사   증인, 청동 칼과 청동 거울이라면 앞서 말씀하셨듯이 지배자들만 가질 수 있던 물건 아닌가요?

나역사   그렇습니다. 정가와자 유적에서 발견된 주인의 가슴에는 청동 거울이 놓여 있고, 다리에는 청동 단추로 장식한 가죽 장화가 신겨 있었습니다. 이러한 점들로 미루어 우리는 무덤의 주인이 이 지역 일대를 기반으로 활동하던 고조선의 강력한 우두머리였으리라 추측했습니다.

방청객들은 청동으로 만든 갑옷을 입고 청동 칼을 차고 있는 고조

왜 위만왕은 고조선을 계승했다고 할까?

선 지배자의 모습을 상상하며 이야기를 나눴다.

판사   자자, 방청객 여러분은 조용히 해 주십시오. 시간이 벌써 이렇게 되었네요. 오늘 참석한 증인들 덕분에 고조선 사회에 대해 많이 알게 되었는데, 다음 재판에서는 이러한 고조선 사회에서 과연 피고 위만왕이 어떻게 준왕을 몰아내고 왕이 될 수 있었는지 본격적으로 살펴보도록 하겠습니다. 그럼, 오늘은 이만 마치겠습니다.

땅, 땅, 땅!

왜 위만왕은 고조선을 계승했다고 할까?

다알지 기자

　　시청자 여러분, 안녕하세요? 역사공화국
법정 뉴스의 다알지 기자입니다. 오늘 있었던
준왕 대 위만왕 재판에서는, 본격적인 공방을
벌이기에 앞서 재판의 배경인 고조선에 대해 알아
보았는데요. 유명한 역사학자이신 나역사 박사가 증인으로 등장해 고
조선에 대해 증언해 주었습니다. 증언에 의하면, 고조선은 흔히 단군
신화에 나오는 기원전 2333년이 아니라 청동기 문화가 시작된 기원전
8~기원전 7세기에 세워진 것으로 봐야 한다고 하네요. 그리고 고조선
의 영역은 발견된 유물들로 추정해 볼 때, 한반도 서북부와 랴오둥 지
역에 이르렀던 것으로 봐야 하고요. 한편, 증인 최고령 씨는 고조선 사
람들의 의식주 생활에 관하여 자세히 증언해 주었습니다. 그럼 이번
재판의 두 주인공 준왕과 위만왕을 만나, 첫날 재판에 대해 어떻게 생
각하는지 들어 볼까요?

준왕

내가 고조선의 건국 신화에 대해 말하고 있었
는데, 갑자기 상대 측 강인한 변호사가 툭 끼어들
더군요. 그러고는 환웅이 여자로 변한 곰과 결합해 단
군을 낳았다는 이야기는 말이 안 된다고 해 기분이 좋지 않았습니다.
물론 신화를 전적으로 믿으라는 것은 아니지만 교과서에도 당당히 실
려 있는 내용입니다. 아무리 신화라고 해도 그 안에는 역사가 담겨 있
음을 잊어서는 안 되지요. 국가가 세워질 당시의 시대적 상황을 알려
주는 소중한 자료이니까요. 단군 신화는 모두 거짓말이라고 무턱대고
폄하하지 않았으면 좋겠습니다.

왜 위만왕은 고조선을 계승했다고 할까?

위만왕

　고조선이 기원전 2000년대에 세워졌다거나
단군왕검이 실존 인물이었다거나 하는 말은 모두
사실이 아님이 이번 재판에서 드러나지 않았습니까?
나역사 박사가 증언했듯이, 단군왕검은 특정 인물을 가리키는 말이 아
니라 그 시대의 지배자를 일컫는 말입니다. 준왕이 단군 왕조의 정통
성을 이어받은 것이 자랑스러운 나머지 그 점까지 외면하려는 것 같군
요. 또 마치 고조선이 만주 벌판을 휘젓던 대제국이었던 것처럼 고조
선의 역사를 왜곡하는 일도 더 이상은 없어야 할 것입니다. 자기네 역
사라면 덮어두고 훌륭하게 꾸미는 것은 옳지 않습니다. 오히려 역사를
제대로 알 때 그 나라는 발전할 수 있습니다.

청동기 시대 유물은
어떤 것이 있을까?

민무늬 토기

청동기 시대에 이르면 잔잔한 빗살무늬가 새겨진 빗살무늬 토기가
사라지고 민무늬 토기가 등장합니다. 민무늬란, 이름처럼 무늬 없는
토기가 대부분이지만 사진 속 유물처럼 표면에 색으로 무늬를 넣은
것도 있지요. 대접, 항아리 등 종류도 다양하고 식사용, 조리용, 곡물
저장용 등 쓰임새도 아주 다양했습니다.

랴오닝식 동검

고조선의 세력 범위는 지금의 중국 랴오닝(요령) 지역과 한반도 서북 지역에 뻗어 있었다고 추측됩니다. 그 이유는 당시 고조선이 사용한 랴오닝식 동검, 미송리식 토기, 고인돌 등이 분포된 지역이 이곳이기 때문입니다. 이 중 랴오닝식 동검은 청동으로 만든 것으로, 아랫부분이 둥글고 불룩한 악기인 비파를 닮았다고 하여 '비파형 동검'이라고도 합니다. 이 동검은 자루를 따로 만들어 검의 몸체에 끼울 수 있도록 만들어졌지요.

한국식 동검

랴오닝식 동검, 즉 비파형 동검 문화는 역사상으로는 고조선과 깊은 관련이 있었던 것으로 보입니다. 이 문화 이후 한국식 동검 문화가 형성되었는데, 이것은 우리나라 특유의 청동기 문화로 볼 수 있지요. 랴오닝 지방에서 발견되는 청동기의 형태나 무늬와는 뚜렷이 구별되는 한국적 특징을 나타내며 무늬가 정교해지는 등 청동기 제작 기술의 뛰어난 발전을 보여 줍니다.

옥꾸미개

'꾸미개'란 원래 무엇을 곱게 꾸미는 데 쓰는 물건을 말합니다. 따라서 옥꾸미개란 옥으로 만들어진 장식품을 가리키지요. 일반적인 실용품이 아닌 장신구의 하나로, 빨대처럼 가운데 구멍이 뚫린 옥을 엮어서 기다란 목걸이 형태로 만든 것입니다.

위만 조선은
어떤 나라였을까?

1. 위만은 누구일까?
2. 위만 조선은 어떻게 세워졌을까?
3. 위만은 어떻게 나라를 다스렸을까?

교과 연계

고등학교 한국사
 I. 우리 역사의 형성과 고대 국가
  2. 고조선과 여러 나라의 성장
   2-1 우리 민족 최초의 국가 고조선

1

위만은 누구일까?

판사　자, 벌써 준왕과 위만왕의 재판 둘째 날이네요. 오늘은 위만 왕이 어떤 사람이고, 어떻게 나라를 세우게 되었는지를 알아보면 좋 겠군요. 원고 측 변호인께서 오늘 다룰 주요 내용을 간단히 말씀해 주시겠습니까?

나현명 변호사　네, 판사님. 당시 고조선은 단군 조선의 왕조가 시 작된 후로 여기 원고로 나와 있는 준왕까지 평화롭게 이어져 내려 왔습니다. 그런데 갑자기 위만왕이 등장합니다. 위만왕은 당시 중국 연나라 왕인 노관의 부하였는데, 고조선으로 내려왔습니다. 그는 자 신을 받아 준 준왕을 배신하고 정변을 일으켜 왕위를 빼앗았지요. 그런데 사람들은 위만왕이 왕위에 오른 뒤 업적을 많이 세웠고 고 조선을 정복 국가로 발전시켰다는 이유로 그를 칭찬만 합니다. 그가

　왜 위만왕은 고조선을 계승했다고 할까?

왕위에 있을 때 고조선이 가장 넓은 영토를 차지했고, 우리 역사상 처음으로 강력한 고대 국가를 세웠다고 치켜세우면서 말입니다.

판사   네. 나도 그렇게 알고 있는데, 무슨 문제라도 있나요?

나현명 변호사   판사님, 사실 위만은 중국 연나라 사람인데 준왕을 속이고 군대를 동원해 왕위를 빼앗았습니다. 그뿐만 아니라 출신을 속이고 고조선 사람인 양 행세하며 나라를 다스려 백성의 신망을 얻었습니다. 하지만 그로 인해 제 의뢰인인 준왕의 명예는 심각하게 떨어졌지요. 위만은 준왕이 무능했기 때문에 그를 대신해 새로운 정치를 펼쳤다는 논리를 펼 테지만 이는 정말 터무니없는 주장에 불과합니다. 이를 차차 증명해 보일 것입니다.

조금 전까지 희미한 미소를 짓던 위만왕의 표정이 나현명 변호사의 발언으로 한순간에 일그러졌다.

강인한 변호사　　고대 사회에서 주변 지역의 제후가 힘을 키워 왕위를 빼앗는 일은 자주 있는 일이었습니다. 그런데 위만왕이 왕의 자리에 오른 것이 소송을 걸 정도로 억울하고 문제가 되는지 의문스럽군요. 원고는 이에 대해 어떻게 생각하시나요?

준왕　　위만왕이 힘을 키워 정정당당하게 왕위에 올랐다면 나도 이렇게 억울하지는 않을 것입니다. 하지만 저 위만이라는 자는 나와의 두터운 믿음을 이용해 나를 속이고 군대를 동원했습니다. 그러고는 왕위에 올라 고조선 사람인 척 나라를 다스렸지요. 자신이 세운 위만 조선이 마치 단군 조선의 정통성을 이어받은 것처럼 행세하니 정말 어이가 없었습니다.

판사　　원고의 말을 들어 보니 억울할 만도 하네요. 하지만 피고 측 입장도 들어 봐야 하니, 피고에게도 물어봐야겠지요. 피고, 이러한 원고 측 주장이 사실입니까?

위만왕　　결코 사실이 아닙니다. 원고 측에서는 자꾸 내 출신을 문제 삼으려 하는 것 같은데, 나는 중국인의 피를 이어받기는 했지만 조선 사람이 틀림없습니다.

판사　　아니, 피는 중국인인데 조선 사람이 틀림없다는 말은 무슨 뜻입니까? 이해가 잘 되지 않는데요?

강인한 변호사　　판사님, 그것은 제가 말씀드리도록 하지요. 사람들이 위만왕의 출신을 혼동하게 된 데는 여러 가지 이유가 있습니다. 그중 가장 큰 이유는 위만왕이 관리로 있었던 당시, 중국 연나라의 종족 구성이 매우 복잡했다는 점을 들 수 있습니다. 그래서 위만왕이 어디 소속인지 정확히 알지 못해 애매하게 기록된 것이지요. 하지만 위만왕은 중국을 떠나 고조선 서쪽 땅에 살고부터는 완전히 고조선 사람이 되었습니다. ▶고조선 사람이었기에 조선 땅에서 관리로 일할 때도 북상투를 틀고 조선의 옷을 입었지요.

판사　북상투요? 그게 뭔가요?

위만왕　북상투는 조선 민족의 풍속으로, 붙들어 맨 상투머리를 말해요.

판사　그렇군요. 설명을 들어 보니 텔레비전의 사극에서 본 기억이 있습니다. 그런데 북상투와 복장 외에는 피고 위만왕이 고조선 사람이라는 사실을 증명할 수 있는 것이 더 없나요?

위만왕　판사님, 더 있습니다. ▶▶나는 준왕의 뒤를 이어 왕위에 올랐을 때, 한 글자로 된 중국식 국호가 아니라 이전부터 사용하던 '조선'이라는 국호를 그대로 사용했습니다. 그리고 관직 제도도 당시 고조선의 것을 그대로 유지했고요. 이는 내가 고조선 사람이 아니었다면 불가능했을 것입니다.

판사　잘 들었습니다. 피고 측 변호인은 보충 설명할 내용이 있다면 말씀해 주십시오.

강인한 변호사　판사님, 고조선의 역사를 보면 중국의 전국 시대 말에 연나라의 공격을 받아 서쪽 영토의 상당 부

교과서에는

▶ 위만은 고조선으로 들어올 때 상투를 틀고 조선인의 옷을 입고 있었다고 『한서』라는 책에 기록되어 있지요.

▶▶ 위만은 왕이 된 후에도 나라 이름을 그대로 조선이라 하였다고 『한서』라는 책에 기록되어 있답니다.

분을 빼앗긴 적이 있는데요. 이때 랴오둥과 압록강 일대를 다스리고 있던 위만왕은 연에 맞서 저항했습니다. 이것이 무엇을 의미하겠습니까? 당시 중국 동북 지역인 랴오둥과 압록강 일대에서 대대로 살아온 위만왕이 고조선 사람이었기 때문에 중국에 맞서 그렇게 당당히 싸웠던 것입니다.

나현명 변호사　　판사님, 이의 있습니다. 피고의 이야기는 새빨간 거짓말입니다. 위만왕은 본래 연나라 땅에 살았던 사람입니다. 사람들은 단지 그가 망명할 때 1000여 명의 무리를 모아 북상투에 조선 옷을 입었기에 조선 사람으로 착각한 것입니다.

원래 랴오둥 지방은 우리 민족의 조상인 맥족이 살던 곳입니다. 훗날 중국의 제후 세력인 연나라에 빼앗긴 이들 지역에는 고조선의 유민이 많이 섞여 살았지요. 그러므로 위만왕을 조선인으로 보는 것은 어디까지나 가능성이고 추측일 뿐입니다. 당시 연나라 지역에 고조선 사람들이 광범위하게 거주했을 가능성은 있지만, 위만왕이 조선인이었다는 확실한 증거는 없습니다.

또 위만왕이 상투를 틀고 조선인 옷을 입었다는 것도, 망명을 위해 조선인처럼 보이려고 한 의도적인 행동일 수 있습니다.

강인한 변호사　　판사님, 이의 있습니다. 지금 원고 측 변호인은 자기 생각을 말하고 있습니다. 원고 측 주장대로 위만왕이 고조선 사람이라는 확실한 증거는 없지만, 또 고조선계 인물이 아니라는 증거도 없지 않습니까?

판사　　그렇긴 하네요. 그럼 당사자인 피고에게 직접 물어보겠습

　　왜 위만왕은 고조선을 계승했다고 할까?

니다. 피고는 고조선의 피를 이어받았습니까, 아니면 중국 연나라의 피를 이어받았습니까?

위만왕   ·······.

위만왕이 쭈뼛쭈뼛하며 답변을 못 하자, 방청객들이 술렁였다. 법정이 소란스러워지자 판사가 나섰다.

판사   자자, 조용히 해 주세요. 피고가 답변을 못 하시니 변호인께서 말씀해 주시지요.

강인한 변호사   증인이 답변을 못 하는 것은 혈연이 그리 중요한 게 아니라고 생각하기 때문입니다. 상대 측 변호인은 진실을 밝히는 것도 좋지만, 괜한 말로 음모를 꾸며서는 안 될 것입니다.

나현명 변호사   음모라니요! 저는 진실을 밝히고 싶을 뿐입니다! 단군 조선의 역사가 왜곡되고 제대로 정리되지 않은 것은, 피고가 자신의 출신을 조작한 것에서 시작됐습니다. 위만왕의 출신에 관한 문제는 반드시 밝혀져야 합니다.

판사   자자, 두 분 변호인께서는 모두 진정해 주시기 바랍니다. 음모인지 아닌지, 조작인지 아닌지는 재판이 진행되면서 차차 밝혀질 것입니다. 피고의 출신 성분 외에도, 어떻게 피고가 위만 조선을 세우게 되었는지 살펴봐야 할 것 같습니다.

2

위만 조선은
어떻게 세워졌을까?

나현명 변호사   그렇습니다, 판사님. 위만왕이 과연 어떻게 나라를 세우게 되었는지 짚어 볼 필요가 있는데요. 그 전에 제가 고조선 역사의 주요 사건들을 연표로 정리했으니, 표를 본 후 계속 이야기해 보았으면 좋겠습니다.

나현명 변호사는 서기관에게 자료를 준비시켰다. 서기관이 펼쳐 든 연표가 방청객이 전부 볼 수 있도록 비디오 화면에 크게 비쳐졌다. 연표에는 주요 사건이 시대별로 정리되어 있었다.

판사   아까 잠깐 이야기가 나왔지만, 피고 위만은 연나라 왕 노관 밑에서 생활하다가 어떤 이유로 고조선 땅에 와 위만 왕조를 세우게

왜 위만왕은 고조선을 계승했다고 할까?

고조선의 역사

기원전

2333년 단군에 의한 단군 조선 건국(『동국통감』)

7세기 고조선을 중국 땅에서 8000리(약 3144km) 떨어진 곳에 위치한 나라로 묘사(『관자』)

7세기 제(齊) 관중이 환공에게 고조선 특산물로 호랑이 가죽을 소개하고 무역할 것을 건의함(『관자』)

4세기 고조선이 랴오둥과 인접한 지역에 위치한 것으로 묘사됨 (『사기』「소진열전」, 『전국책』)

4세기~3세기 조선후가 왕을 칭하고 중국 연과 전쟁을 벌이려 했으나 예(禮)의 만류로 중단함

3세기 연나라 장수 진개(秦開)의 침입으로 고조선 서방 2000여 리의 땅을 빼앗기고, 세력이 위축됨

2세기 초 위만의 등장. 고조선 서쪽에서 박사직을 수행함

194년 위만에 의한 위만 조선 건국

109년 한 무제가 육군 5만, 수군 7000의 군대를 보내 고조선을 침략함

109년 패수상군(浿水上軍)과 패수서군(浿水西軍)의 노력으로 도 읍인 왕검성은 수개월 동안 한나라 군대에 대항했으나 끝내 항복함

108년 대신 성기(成己)의 최후의 저항

108년 위만 조선 멸망. 한사군(漢四郡) 설치(『사기』「조선열전」: 진 번, 임둔, 낙랑, 현도)

된 것입니까?

강인한 변호사　판사님, 그 이유를 듣기 위해 연나라의 왕이었던 노관의 증언을 듣고자 합니다. 증인으로 신청했으니 불러 주시기 바랍니다.

나현명 변호사　판사님, 노관의 증언을 듣기 전에 판사님과 배심원 여러분께 한 가지만 말씀 드리겠습니다. 노관은 위만이 모시던 왕으로, 위만에 대해 유리한 증언을 할 수 있다는 점을 미리 알려 드립니다.

강인한 변호사　판사님, 그렇지 않습니다. 노관은 이미 위만과는 중국 땅에서 일찍이 결별하고 흉노 땅으로 망명한 인물입니다. 따라서 노관이 꼭 위만에게 유리한 증언을 하리라고는 볼 수 없습니다.

판사　좋습니다. 증언을 허락합니다. 증인 노관은 나와서 선서해 주십시오.

노관　나는 신성한 한국사법정에서 진실만을 말할 것을 선서합니다.

강인한 변호사　증인, 증인은 위만이 중국 연나라에서 조선 땅으로 오기 전, 지금의 베이징 지역인 연나라의 실질적인 지배자였지요? 그런데 어찌하여 연을 버리고 당시 오랑캐 취급하던 흉노의 땅으로 가게 되었습니까?

노관　당시 나는 한나라를 세운 유방과 **죽마고우**였는데, 그 덕분에 연나라 왕도 할 수 있었습니다. 그런데 유방은 나라를 세운 후 사람이 변하더군요. 자신을 견제할 만한 힘을 가진 유능한 신하들을 하나둘 제거하기 시작해, 기어이 일등 공신인 한신마저 제거해 버

왜 위만왕은 고조선을 계승했다고 할까?

리는 것입니다. 한신은 죽으면서 '토사구팽(兎死狗烹)'이라는 유명한 말을 남기기도 했지요. 이 모든 과정을 지켜본 나는 나 역시 곧 제거될 것 같다는 위협을 느꼈습니다. 그래서 비록 오랑캐 나라이긴 하지만 흉노 땅으로 가야겠다고 마음을 먹었지요. 당시 가장 잘나가는 민족이 흉노였거든요. 게다가 나는 한나라에 맞서 일어난 반란군을 토벌하라는 유방의 명령을 어기고 일부러 그들과의 싸움을 오래 끌었는데, 그만 그 사실이 들통났지 뭡니까. 그래서 망설일 새도 없이 군사력이 강한 흉노 땅으로 도망쳤지요.

판사   그런데 도망치면서 왜 밑에 있던 위만은 데려가지 않았습니까?

노관   위만은 야망이 있는 사람이었던지라, 새로운 나라에서 일개 장수로 사느니 조선으로 가 새로운 나라를 건설할 계획을 세웠던 것 같습니다. 그래서 나를 보좌하던 일부 세력을 위만에게 남겨 주었지요.

판사   위만이 아무리 능력이 있다고 해도 아무런 연고도 없는 조선 땅에서 새로이 기반을 잡기는 어려웠을 텐데요.

강인한 변호사   판사님, 위만왕이 고조선으로 올 때, 연나라 땅에서 철기를 제작할 수 있는 기술자 여럿과 한(漢)의 문화를 공부한 유능한 인재들을 함께 데리고 왔는데요. 이들이 비록 큰 세력은 아니었지만 뛰어난 친화력과 앞선 철제 무기 제작 기술을 가지고 있었습니다. 그래서 위만이 이들과 함께 나라를 세울 수 있었던 것입니다.

판사   그렇군요. 그런데 원고 측 변호인께서 지금 손을 드셨는데,

토사구팽
토끼 토(兎), 죽을 사(死), 개 구(狗), 삶을 팽(烹). 교활한 토끼가 잡히면 충실했던 사냥개도 쓸모가 없어져 잡아먹는다는 뜻으로, 필요할 때만 이용당하고 결국 버림받는다는 의미입니다.

반대 신문 하시겠습니까?

나현명 변호사　네, 판사님. 증인은 피고 위만이 조선 사람의 피를 타고난 사람이며, 정당하게 왕위를 이었다는 주장을 믿습니까?

노관　그는 능력이 있는 사람이었습니다. 그리고 무엇보다 고조선 사람들도 그를 신뢰했고요. 그가 고조선 사회에 새로운 희망을 보여 주었기 때문에 가능한 일 아니었을까요? 고조선 백성들은 새롭게 들어선 위만 왕조가 자신들을 예전보다 더 잘살게 해 줄 수 있다고 믿은 것입니다.

나현명 변호사　증인, 말을 돌리지 마시고, 제가 한 질문에만 정확히 답변해 주시기 바랍니다.

노관　변호사님, 그가 조선 사람이냐 아니냐는 그리 중요하지 않습니다. 변호사님은 지금 정치와 국가의 운영에 대해 잘 이해하지 못하시는 듯 보입니다. 위만이 없었더라면 한국사의 첫 국가인 고조선이 역사에 그 이름을 당당히 내세울 수 있었을까요? 단군 조선도 위만 조선만큼 한국사에서 중요한 역할을 하지는 못했지 않습니까? 그리고 이렇게 성립된 고조선의 역사가 고구려, 백제와 같은 고대 국가의 출현 배경이 되었고요.

　그런 점에서 볼 때, 연나라 땅에서 나와 위만 조선을 세운 위만의 공은 진실로 크다고 할 수 있지요. 그럼에도 위만이 단지 출신이 불분명하고 왕위에 오르는 과정이 자연스럽지 못했다고 해서 이렇게 비난받는 것은 그에게는 좀 억울한 일 같군요.

판사　좋습니다. 양측 변호인께서는 증인에게 더 신문할 내용 없

　왜 위만왕은 고조선을 계승했다고 할까?

나요? 없으면 증인은 자리로 돌아가 주시기 바랍니다.

노관이 피고 위만에게 다소 유리한 증언을 끝내자, 나현명 변호사
는 준비해 온 서류들을 재빨리 넘겨 보고는 말했다.

나현명 변호사　　판사님, 피고는 단군 이래 잘 이어져 내려오고 있던
단군 조선을 멸망시킨 주범일 뿐입니다. 그러므로 위만왕은 당장이

라도 준왕을 비롯한 단군 조선의 여러 왕과 백성들에게 용서를 빌어야 합니다.

강인한 변호사 피고 측 변호인 말대로라면 세상에 오직 단군 조선이라는 나라만 있어야겠군요. 다시 한번 말씀드리지만, 위만 조선은 단군 조선 때보다 나라를 더욱 발전시켰고, 더 넓은 영토를 차지하여 한국 역사를 풍요롭게 했습니다. 위만 조선은 단군 조선보다 더 찬란한 역사를 꽃피웠다니까요.

나현명 변호사 위만 조선이 세워진 뒤 조선이 사방 수천 리의 영토를 가진 국가로 성장한 것에 대해 비난하는 것이 아닙니다. 다만 위만 조선이 세워지는 바람에, 우리 한민족의 첫 국가인 단군 조선의 역사가 단절되었다는 사실을 말하고 싶은 것입니다. 엄연히 단군 조선의 것임에도 위만 조선의 것으로 둔갑한 것이 얼마나 많습니까? 간단한 예로, 나라의 이름이 단군 조선에서 위만 조선으로 바뀌어 그 의미가 퇴색했습니다. 그리고 단군 조선의 건국 과정을 신성하게 그린 단군 신화가 위만 조선 때에도 버젓이 건국 신화로 여겨지며, 제사가 열릴 때면 그 의식이 그대로 행해졌고요. 위만 조선 사람들이 입고 살았던 옷이며 집, 먹었던 음식까지도 대부분 단군 조선의 영향을 받았는데도 위만 조선은 마치 그들의 문화인 양 행세했습니다.

강인한 변호사 판사님, 위만왕은 이미 중국 땅을 떠나 고조선의 서쪽 변방에 살면서 고조선 사람이 되었습니다. 그는 고조선 사람들과 함께 살면서 이미 고조선의 국가 운영 방식을 배웠고, 그 속에서 더

왜 위만왕은 고조선을 계승했다고 할까?

발전된 사회를 만들고자 하는 꿈을 키웠던 것입니다. 이런 면을 보지 못하고 단지 단군 조선 역사를 단절시켰다고만 말해서는 안 될 것입니다.

판사   좋습니다. 그런데 위만이 준왕을 몰아내고 왕위를 빼앗은 것인지, 아니면 준왕의 뒤를 이어 자연스럽게 왕위를 이은 것인지에 대해 좀 더 이야기해 보면 좋겠네요. 피고 측 변호인부터 말씀하시겠습니까?

강인한 변호사   네, 판사님. 위만왕은 중국 연나라 땅을 떠나 처음엔 압록강과 청천강 유역에 정착하면서, 일찍부터 이 지역에 살고 있던 유이민, 토착민들과 융화되어 세력을 키웠는데요. 이 과정에서 연나라 및 제나라에서 온 망명자를 받아들이고, 남쪽으로 세력을 넓히면서 자연스럽게 왕위에 오를 기반을 갖추게 되었습니다. 그리고 마침내 지금의 평양 지역인 왕검성(王儉城)을 근거지로 하여 나라를 세우게 되었지요.

나현명 변호사   판사님, 이의 있습니다. 지금 상대 측 변호인은 얼렁뚱땅 사실을 왜곡하고 있습니다. 제가 알기로 처음 진고공지(秦故空地)에 망명한 피고는, '지금 연은 한나라 군대에 점령당해 살기가 매우 어렵다'며 조선에서 살게 해 달라고 애원했습니다. 게다가 고조선이 아직 청동기를 주로 사용하는 것을 보고, 자신들은 철을 다루는 기술을 알고 있다며 고조선 사람으로 받아 주기를 청했습니다. 준왕과 관리들은 철기 제품들을 보고 많이 놀랐는데, 발달된 선진 문화를 받아들일 좋은 기회라 생각하고 그들을 받아 주었던 것이 고대 노예제 사회 이후 형성된 사회로, 지방의 군주인 주군 혹은 영주와 고대 노예보다 자유로운 신분의 농노 사이에 지배와 종속 관계가 이루어진 사회를 말합니다. 봉건 사회에서 농노는 주군에게서 토지를 빌려 쓰고 대가를 지불했지요.

지요. 그리고 준왕은 위만을 박사직에 임명하고 100리(약 40km)의 땅을 주어, 중국의 망명자들을 거두고 고조선 서쪽 변경을 수비하는 임무를 맡겼던 것입니다. 그런데 위만은 준왕의 자리를 넘본 것이지요. 감히 은혜도 모르고 말입니다.

판사   두 변호사의 말 모두 그럴듯하게 들리는군요. 피고 측, 원고 측 주장이 사실입니까?

강인한 변호사   판사님, 준왕이 위만에게 서쪽 땅을 주어 다스리게 한 것도 다 피고 위만왕이 백성을 잘 통솔했기 때문입니다. 위만왕은 고조선 서쪽 땅에 살면서 이주해 오는 중국 사람들이 정착하여 살 수 있게 해 주고, 그 일대에 사는 조선 주민들을 잘 다스려 신망이 높았거든요. 자연히 많은 백성이 준왕을 이을 적임자로 그를 생각하게 되었지요. 그래서 마침내 왕으로 추대한 것이고요. 그리고…….

판사   뭐, 또 하실 말씀이 남았습니까?

강인한 변호사   최근 북한 역사학계에서는 위만왕의 등장을 가히 혁명적인 사건으로 보고 있습니다. 이전 세상과 전혀 다른 새로운 세상을 연 인물로 평가하고 있지요. 고대 노예들이 생산을 담당하던 단계에서, 농노가 영주와 국왕에게 수확물을 바쳐 사회를 이끌어 간 봉건 사회로 넘어가는 계기를 바로 위만왕이 만들었다는 것입니다.

나현명 변호사   이의 있습니다, 판사님. 피고 측 변호인은 북한 역사학계의 입장을 예로 들며 피고의 부적절한 집권을 정당화하고, 정권을 탈취한 사실에 대해서는 흐지부지 넘어가려 하고 있습니다. 위만은 준왕의 도움으로 서쪽 땅에 자리를 잡게 된 은혜도 모르고, 자신이 살던 지역에서 어느 정도 힘이 커지자 왕의 자리가 욕심났던 것입니다. 그래서 자신을 따르는 주민과 관리들의 힘을 빌려 준왕을 몰아내고 정권을 빼앗은 것이고요.

판사   그 부분에 대해 좀 더 자세히 말씀해 주시겠습니까?

나현명 변호사   위만은 당시 진고공지에 거주하는 이주 세력을 평화롭게 다스리는 듯 보였지만, 실은 철로 무기를 만들어 병사들을 무장시키고 준왕을 몰아내 자신의 새로운 나라를 세우고자 준비했던 것입니다.

강인한 변호사   판사님, 지금 원고 측 변호인은 확인되지 않은 정보를 마치 사실인 것처럼 말하고 있습니다. 이러한 주장은 위만왕에 대한 모욕입니다. 위만왕이 중국 연나라에서 온 것은 맞지만, 그가 중국을 떠나 조선 땅에 온 것은 진정으로 고조선에 선진 철기 문화를 전해 주고 새로운 사회를 열어 주기 위함이었습니다.

나현명 변호사   판사님, 상대측 변호인의 말은 사실과 다릅니다. 결과가 그것을 말해 줍니다. 기원전 194년경, 위만은 한나라가 고조선을 공격하려 하자, 이 틈을 타 수도를 방어한다는 구실로 군사를 이끌고 쳐들어와 정권을 빼앗았습니다. 이러한 당시 상황을 이야기해 줄 증인이 있습니다. 존경하는 판사님, 준왕을 옆에서 모시던 측신을 불러 주시기 바랍니다.

판사   좋습니다. 증인은 나와서 증언을 해 주세요.

증인 측신이 쭈뼛쭈뼛 걸어 나와 증인 선서를 하고 증언을 시작했다.

측신　기원전 194년 어느 날, 위만은 미리 준비한 군사를 성 밖에 잠복시킨 뒤, 왕검성에서 쉬고 있는 준왕에게 급히 보고할 것이 있다고 했습니다. 한나라 군대가 두 갈래 길로 쳐들어오고 있으니 속히 몸을 숨겨야 한다는 것이었지요. 별 의심 없이 이 말을 믿은 준왕은 몸을 피했는데, 몰래 잠복하고 있던 위만의 군사들이 성을 지키던 우리 군사들과 관리들을 해치우기 시작했습니다. 그리고 위만은 준왕에게로 가, 자신이 왕검성을 접수했으니 앞으로 자신이 왕 노릇을 할 거라 말했지요. 결국 은혜를 모르는 위만이 준왕의 뒤통수를 제대로 친 것입니다.

나현명 변호사　그렇습니다, 판사님. 한마디로, 수도를 지키고 왕을 지키겠다더니 배신하고 왕위를 노리는 반역을 꾀한 것입니다.

판사　왕위를 넘겨주게 된 준왕은 그 후 어떻게 되었습니까?

나현명 변호사　준왕은 할 수 없이 자신을 따르는 남은 신하들과 일부 백성을 데리고 한강 이남으로 내려갔습니다. 그곳에 정착하여 '한(韓)'이라는 종족 이름과 나라 이름을 사용하며 '삼한 시대'를 새로이 열었지요. 우리 '한민족'의 이름은 이때 나온 것입니다.

판사　그런데 준왕이 다스리던 고조선은 어떻게 한순간에 위만이라는 작다면 작은 세력에게 왕위를 빼앗기게 된 것입니까?

나현명 변호사　기원전 4세기가 되면 쇠로 만든 도구, 곧 철기를 사

용하는 집단이 중국에서 고조선 땅으로 많이 이주해 오기 시작합니다. 철기 문화가 밀려들어 오기 시작한 것이지요. 물론 당시 고조선에도 철기가 들어와 있긴 했지만, 기술자들이 많지 않아 일반 백성까지 널리 사용하지는 않았습니다. 주로 청동기를 사용했지요. 철은 중국에서 수입해 무기를 만드는 데만 일부 사용했고요. 그런데 고조선 서쪽 땅에 살고 있던 위만 세력은 철기 제조 기술을 잘 알고 있었고, 많은 기술자를 데리고 있었지요. 결국 위만은 강력한 철제 무기

위만 조선 시기의 철제 무기와 농기구(평안북도 위원군 용연동 유적)

를 바탕으로 기습적으로 쳐들어와 승리를 한 것입니다.

판사　도대체 철기가 얼마나 대단하기에 나라의 운명을 좌지우지하는 요인이 되었을까요?

나현명 변호사　▶철기는 무기뿐만 아니라 농업 생산력을 높이는 데도 크게 기여했습니다. 철로 만든 농기구가 본격적으로 사용되면서 고조선 사회의 농업 생산력이 급격히 높아졌거든요. 고조선이 국가의 형태를 다지게 된 데는 쇠로 만든 도구, 곧 철기의 사용이 크게 작용했다고 볼 수 있습니다.

강인한 변호사　그렇다면 원고 측 변호인께서도 위만이 우수한 철기 제작 기술을 고조선에 전해 주었고, 그로 인해 고조선이 더욱 성장하게 되었다는 사실은 인정하시는 것입니까? 하하.

나현명 변호사　위만이 철기 문화를 전수해 준 사실까지 부정할 생각은 없습니다. 다만 위만이 왕위에 오른 후, 이전 왕인 준왕의 업적을 부정하고, 준왕을 마치 나약한 왕이었던 것처럼 취급한 일을 바로잡고 싶은 것이지요. 이는 분명 정치적인 해석으로 이전 단군 조선의 역사가 왜곡된 것이니, 그에 대한 책임은 위만과 위만 조선이 져야 하지 않겠습니까?

판사　자자, 책임 여부는 법정에서 결정이 날 것입니다.

지금은 위만이 왜 고조선을 계승했다고 하는지에 대해 좀 더 이야기하면 좋겠군요. 과연, 원고 측의 주장대로 준왕을 몰아내고 왕위를 빼앗아 나라를 세웠으니 이전 고조선과는 다른 새로운 왕조로 봐야 할까요? 아니면 피고 측의 주장대로 단군왕검의 나라를 그대로 이어받았으니 고조선 왕조로 보아야 할까요?

철기의 사용

철기는 기원전 4~기원전 3세기에 중국을 통해 우리 땅에 전래되었습니다. 당시 이웃해 있던 옥저 땅 함경북도 무산 범의구석(虎谷洞) 마을 사람들은 철광석을 녹여 철기를 제작하는 기술을 알고 있었는데, 이들은 기원전 6세기부터 쇠칼과 쇠화살촉, 쇠도끼 같은 철기를 사용한 것으로 보입니다. 동아시아 지역에서는 연대가 가장 빠른 단계의 철기를 사용했다고 할 수 있지요. 그러나 우리가 그 기술을 받아들여 일상적으로 사용하지는 못했습니다. 우리 땅에서 본격적으로 철기를 만들기 시작한 것은 기원전 1세기 무렵이었죠. 아마도 기원전 108년 한나라가 우리 땅에 낙랑군을 설치하면서 철기를 본격적으로 생산하게 된 것으로 보입니다.

3

위만은 어떻게
나라를 다스렸을까?

판사   그럼 먼저 위만이 왕위를 계승한 뒤에도 국호를 예전과 같이 '조선'이라고 한 이유는 무엇인지 이야기해 보았으면 좋겠네요. 이번엔 피고 측에서 먼저 시작할까요?

강인한 변호사   판사님, 비록 위만왕이 연나라 땅에서 오긴 했지만 조선인들과 함께 살면서 뿌리를 내렸고, 위만 왕조 또한 유이민과 토착민이 한데 어우러진 연합 정권적 성격을 지닌 왕조였습니다. 우리 역사학계가 그동안 준왕에 이어 위만 왕조도 함께 고조선에 포함시킨 것은 바로 이러한 이유 때문이지요. 피고에게 직접 이에 대해 확인해 보도록 하겠습니다.

위만왕   나는 비록 유이민 세력을 데리고 위만 왕조를 세워 새로이 왕이 되었지만, 고조선의 토착 세력이자 지방의 족장이었던 사람들을 버리지 않았습니다. 그들에게 '상(相)'이라는 관직을 주어 나랏일을 함께 의논했으니까요. 왕이라 해서 모든 일을 제 마음대로 했던 게 아니라 각 지방의 일은 그들이 알아서 하도록 권한을 나눠 주었고, 나라 전체에 관한 일은 '상'과 장군들이 모인 귀족 회의에서 결정하도록 한 것입니다.

나현명 변호사　이의 있습니다, 판사님. 위만이 토착 조선인들을 관리로 임명한 것은 사실이지만, 그들의 말은 전혀 듣지 않고 매사 자기 뜻대로 결정했으며, 중국에서 데리고 온 관리의 말만 듣고 결정을 내렸습니다.

강인한 변호사　판사님, 방금 이 말은 확인되지 않은 사실입니다.

나현명 변호사　확인되지 않은 사실이라니요? 고조선의 지방 족장이었던 역계경(歷谿卿)이라는 인물에 의하면, 그는 위만 왕실의 상자리에 있으면서 왕에게 고조선의 통치법이나 중국과의 외교 관계 등 많은 것에 관해 조언하려 했지만 전혀 들어주지 않았다고 합니다. 이에 실망한 역계경은 자신이 거느린 부족 사람들을 모두 데리고 이웃 나라로 떠났고요.

강인한 변호사　판사님, 상대 측 변호인이 뭔가 착각을 하고 있는 것 같습니다. 역계경은 위만이 왕위에 있을 때 상으로서 왕의 정책에 잘 협조했습니다. 하지만 마지막 왕인 우거왕 때 한나라와 사이가 나빠져 전쟁이 일어나려 했고, 그것을 막으려 노력했는데 뜻대로 되지 않자 다른 나라로 떠난 것입니다. 증인 역계경을 신문하고자 하니, 지금 불러 주시기 바랍니다.

판사 좋습니다. 증인은 나오셔서 솔직한 증언 부탁드립니다.

역계경 당시 정권을 차지한 위만왕은 자기가 세운 나라를 잘 이끌어 가기 위해 중국에서 데려온 인물과 고조선 땅에 살고 있던 사람 모두를 고루 관리로 임명하여 통치했습니다. 혹 출신이 달라 두 세력 사이에 있을 수 있는 갈등과 대립을 줄이기 위해 노력도 했고요. 또 중국의 철기 문화를 재빨리 받아들여 군사력을 키우기도 했습니다.

강인한 변호사 중국과의 관계는 어떠했나요?

역계경 당시 중국이 한나라로 통일되자, 위만왕은 고조선 주변 종족들이 중국의 국경을 침범하지 못하게 하고, 중국과 교류할 때 중간에서 도와준다는 조건으로 한나라와 평화로운 관계를 맺었습니다. 한나라도 위만 조선을 우리 겨레의 땅을 대표하는 나라로 인정하고 많은 물자를 지원하겠다고 약속했고요. 덕분에 위만 조선은 중국에서 흘러들어 온 사람들과 함께 앞선 중국 문물을 받아들였고, 한나라의 위세와 지원 물자를 활용해 군사력도 강하게 키울 수 있었습니다.

강인한 변호사 그럼 한반도 남쪽에 있었던 삼한과의 관계는 어떠했나요?

역계경 원래 위만왕은 주변 지역에 사는 주민과 백성을 관리하는 임무를 부여받은 터라 이웃 나라와의 관계에 관심이 많았습니다. 그리고 ▶한반도 남부에 생겨난 여러 작은 나라가 한나라와 교역하는 것을 통제하면서, 중계 무역

으로 많은 이익을 챙겼지요. 그리고 더욱 강력해진 힘을 바탕으로, 이
웃한 동옥저와 임둔·진번 같은 부족 집단을 정복하여 사방 1000리(약
400km)에 이르는 영토를 가진 정복 국가로 키웠던 것입니다.

강인한 변호사   들으신 대로 고조선은 이웃한 진번·임둔·동옥저
등지에서 풍부한 물자를 확보하고, 그것을 바탕으로 사회를 유지했
습니다. 또한 철기 문화를 바탕으로 주변 세력을 정복한 후, 그들을
예속민 집단으로 만들어 수확물을 거두는 데 주력했지요. 사마천이

쓴 『사기』를 보면, 한(漢) 문제(文帝) 초에 장군 진무 등이 '조선과 남월(南越)이 병력을 갖추고 중국을 엿보고 있으니 이들을 치자'고 건의한 적이 있는데, 이는 당시 위만 조선이 발달된 철기 문화와 철제 무기를 바탕으로 한반도 서북 지방에서 랴오둥 방면으로 이미 진출해 있었음을 뜻합니다. 지난 재판에서도 잠깐 언급됐던 정가와자 유적지가 바로 이 랴오둥 지역을 다스리던 강력한 지배자의 존재를 확인해 주는 것이고요.

판사   그렇군요. 그럼 이제 슬슬 오늘 재판을 정리해 볼까 합니다. 오늘은 피고 위만이 누구이고, 어떻게 위만 왕조를 세우게 되었는지, 그가 세운 왕조를 과연 고조선 왕조의 일부로 봐야 하는지에 대해 살펴보았는데요. 피고 측 변호인께서 하실 말씀이 있는 것 같네요. 간단히 정리하고 마무리해 주시기 바랍니다.

강인한 변호사   네, 판사님. 안 그래도 한 말씀만 올리려고 했습니다. 피고 위만왕이 비록 중국의 연나라 출신이나, 이전 고조선의 제도와 문물을 그대로 계승해 발전시켰습니다. 그렇다면 위만이 세운 왕조는 단군 조선이 이어진 것으로 보아야 한다고 봅니다. 출신이 중요한 것이 아니라, 국가를 운영한 방식이 더 중요하지 않습니까? 이상입니다.

판사   네. 잘 들었습니다. 원고 측 변호인도 마지막으로 한 말씀 하시지요.

나현명 변호사   저도 결정적인 증거를 하나 보여 드리고 변론을 마치도록 하겠습니다. 다음 자료를 보시면 두 나라가 얼마나 다른지

왜 위만왕은 고조선을 계승했다고 할까?

알 수 있을 것입니다. 피고 측 변호인의 말처럼 위만이 세운 왕조는 고조선사의 연장선에서 절대 이해될 수 없습니다. 이상입니다.

준왕과 위만왕 비교표

구분	준왕	위만왕
출생지	단군 조선	연나라
어머니	모름	모름
관직	박사, 대부	상, 장군, 비왕
법률	관습법	범금8조
건국한 국가	삼한	위만 조선
기록된 책들	『삼국유사』, 『제왕운기』 등	『사기』, 『삼국지』, 『위략』, 『삼국유사』, 『제왕운기』 등
공통점	고조선의 왕	

판사 오늘도 양측 변호사의 훌륭한 변론 잘 들었습니다. 오늘 재판에서 풀지 못한 과제는 다음 재판에서 다시 이야기하도록 하겠습니다. 그럼 두 번째 심리는 이것으로 마치겠습니다.

땅, 땅, 땅!

고조선의 중계 무역

원래 중계 무역이란 말 그대로 다른 나라에서 수입해 온 물건을 일정한 기간 안에 그대로, 또는 일부 가공하여 다시 다른 나라에 수출하는 형태의 무역을 말합니다.

우리 고대의 위만 조선에서도 이러한 중계 무역을 했던 사례가 확인되었는데, 요즘의 중계 무역과는 조금 달랐던 것 같습니다. 위만 조선은 중국에서 흘러들어 온 사람들과 함께 전래된 중국의 문물을 받아들이고, 한나라 물자를 활용해 군사력을 강하게 키웠습니다. 이러한 와중에 한반도 남쪽의 여러 작은 나라가 한나라와 직접 교역을 하려고 하자, 이것을 가로막았습니다. 대신 중간에서 한나라와의 교역을 중계하는 중계 무역을 한 것으로 보입니다. 이를 통해 위만 조선은 막대한 이익을 챙겼겠지요. 그리고 더욱 힘을 키워 이웃한 동옥저와 임둔, 진번 같은 부족 집단을 정복하여 사방 수천 리에 이르는 영토를 거느린 국가가 될 수 있었습니다.

다알지 기자

오늘 열린 준왕 대 위만왕의 두 번째 심리에서는 위만은 과연 누구인지, 어떻게 조선에 와서 나라를 세우게 되었고, 그가 세운 위만 왕조가 과연 고조선을 계승했다고 볼 수 있는지에 대해 알아보았습니다. 먼저, 준왕은 중국인인 위만이 조선으로 내려와 자신을 배신하고 왕위를 빼앗아 나라를 세운 것이라고 주장했습니다. 그래서 절대 고조선의 왕조로 인정할 수 없다고 하였는데요. 이에 대해 피고 측에서는 위만이 고조선 사람들에게 신망이 높았고, 우수한 철기 문화를 전해 주어 고조선 사회를 발전시키는 등 충분히 왕이 될 만한 자격이 있었다며 반박했습니다. 위만왕이 '조선'이라는 국호를 그대로 사용하고 행정 조직도 그대로 유지하는 등 고조선의 체제를 바꾸지 않았으므로, 그를 고조선의 한 왕으로 정당히 인정해 줘야 한다고도 했는데요. 그럼 지금부터 이번 재판에서 팽팽한 공방을 벌인 두 사람, 원고 준왕과 피고 위만왕에게 오늘 재판에 관한 소감을 들어 볼까요?

준왕

　　단군 조선의 배신자에 불과한 위만이 뻔뻔
하게 고개를 들고 나를 보려 하다니 정말 화가 납
니다. 그는 신성한 법정에서 '피는 중국인이지만 조선
인이 틀림없다'는 이상한 말을 교묘하게 하더군요. 그가 아무리 고조
선 사람인 척해도 중국인임이 확실합니다. 교과서에 나와 있듯이, 그
가 수도인 왕검성에 쳐들어와 나를 몰아내고 왕위를 빼앗은 것도 사실
이고요. 뭐, 고조선 사람들의 신망을 얻었다느니, 고조선을 향한 원대
한 꿈이 있었다느니 하는 말은 다 자신의 파렴치한 행동을 정당화하기
위한 변명입니다. 또 위만이 상투를 틀고 조선 옷을 입었다는 것도, 망
명을 위해 고조선 사람처럼 보이려는 의도적인 행동이었다니까요.

위만왕

　준왕이 화를 내는 것을 이해 못 하는 것
은 아니지만, 나를 그렇게 일방적으로 비방하
는 것은 도저히 참을 수가 없군요. 비록 내가 자연스
럽게 왕위를 이어받지는 못했지만, 고조선의 존립과 발전을 위한 나의
열정과 이상마저 왜곡하지는 말았으면 합니다. 교과서에 나와 있듯이
나는 청동기 사회였던 고조선에 철기 문화를 전해 주었고, 강력한 무
기를 바탕으로 활발한 정복 사업을 전개하여 영토를 광대하게 넓혔습
니다. 이러한 경제적·군사적 발전을 기반으로 고조선은 한나라와 당
당히 대립했고요. 내가 계속 중국인의 마음으로 살았다면 한의 침략에
그토록 완강하게 대항하지도 않았을 겁니다. 나는 그 누구보다 고조선
을 사랑했습니다.

위만 조선이 세워진 후
고조선은 발전했을까?

1. 준왕은 정말 나약한 왕이었을까?
2. 고조선 사회는 어떻게 바뀌었을까?

교과 연계

고등학교 한국사
 I. 우리 역사의 형성과 고대 국가
  2. 고조선과 여러 나라의 성장
   2-1 우리 민족 최초의 국가 고조선

1

준왕은 정말
나약한 왕이었을까?

판사 　오늘 재판에서는 위만이 세운 위만 조선이 그 이전의 고조선 사회와 비교해 볼 때, 어떻게 달랐는지 한번 알아보기로 하지요. 아니 원고, 뭔가 할 말이 있는 듯한 얼굴인데요?

　자리에 앉아 재판정을 둘러보던 판사가 원고석에 앉은 준왕을 쳐다보고 묻자, 억울한 표정을 짓고 있던 준왕이 말을 시작했다.

준왕 　지난 재판에서 제대로 이야기하지 못한 것이 있습니다. 많은 사람이 나를 속이고 왕위를 빼앗아 위만 조선을 세운 위만을 치켜세우면서, 억울하게 왕 자리를 빼앗긴 나에 대해서는 나약하고 무능력한 왕이었다고 말합니다. 나는 이번 재판에서만큼은 기필코 진실을 밝혀 나, 준왕이 못난 왕이 아니었음을 증명하고 싶습니다!

그동안 쌓인 억울함을 풀겠다는 준왕의 단호한 발언에, 옆에서 지켜보던 나현명 변호사는 얼른 일어나 말을 거들었다.

나현명 변호사　　그렇습니다. 출신도 불분명한 위만은 준왕의 왕위를 빼앗고, 그것을 정당화하기 위해 준왕이 통치하던 시절의 고조선을 약한 나라였다고 왜곡했습니다. 그것이 오늘날까지 이어졌다는 사실이 정말 안타까울 따름입니다.

강인한 변호사　　잠깐만요, 나현명 변호사. 왜곡이라니요? 위만왕이 위만 조선을 세운 후, 약했던 나라를 더 강하게 만든 것은 사실이지 않습니까? 판사님, 그 증거로 중국 한나라 때 어환이라는 사람이 쓴 역사서 『위략』의 한 대목을 예로 들겠습니다. 『위략』에 따르면, 중국을 칠 수 있는 좋은 기회를 두고 결정을 미룬 준왕이 매우 우유부단한 사람이었다고 합니다.

나현명 변호사　　과연 그럴까요? 강인한 변호사가 증거로 든 역사서는 중국에서 쓰였다는 사실을 고려하지 않았군요. 오늘날 문제가 되고 있는 교과서 왜곡과 마찬가지로, 옛날에도 역시 자기 나라의 입장에서 역사를 기록하였습니다. 피고 측에서 예로 든 『위략』을 보면, 당시 중국 사람들은 고조선 사람을 '교만하고 사납다'라고 했는데, 이는 당시 고조선이 준왕의 합리적인 통치로 중국 연나라와 겨룰 정도로 힘이 커지자, 이를 두려워한 중국인들이 멋대로 퍼뜨린 것이라

할 수 있습니다.

강인한 변호사　그건 나현명 변호사 마음대로 해석한 게 아닙니까? 또한 그것이 위만왕 이전의 고조선이 약한 나라가 아니었다는 증거는 될 수 없습니다.

나현명 변호사　제 마음대로 해석한 거라니요? 강인한 변호사가 믿지 못하시니 당시 고조선의 국력이 어느 정도였는지, 원고 준왕의 증언을 통해 알아보는 시간을 가졌으면 합니다.

판사가 허락하자, 원고석에 앉아 있던 준왕은 나현명 변호사의 얼굴을 잠시 바라보았다.

나현명 변호사　자, 그럼 본인이 다스리던 시절의 고조선이 어떤 나라였는지 설명을 해 주시지요.

준왕　네. 내가 다스리던 당시 고조선에는 훌륭한 법률과 힘센 군대가 있었으며, 많은 관리와 멋진 궁궐도 있었습니다.

준왕이 이야기를 시작하자마자 강인한 변호사가 기다렸다는 듯 끼어들었다.

강인한 변호사　멋진 궁궐이 있었다고요? 그게 어디 있었나요? 사진이라든가 증거를 보여 주셔야 할 것 아닙니까?

준왕　허허. 그 시절에 사진기라는 게 있었다면 나도 이렇게 답답

하진 않았을 겁니다. 멋지게 한 장 찍어 두었을 텐데……. 어쨌든 우리 고조선의 도성이던 왕검성이 있던 곳에, 한나라 사람들이 **낙랑 토성**을 쌓았다고 하더군요. 이 낙랑 토성은 대동강 유역의 낮은 언덕에 있었다고 하니, 그곳에 가서 잘 찾아보시면 고조선의 흔적을 발견하실지도 모르겠습니다.

낙랑 토성
기원전 108년, 한나라는 고조선을 멸망시키고 4개의 군현을 설치했습니다. 그 가운데 낙랑군은 313년까지 한반도 땅에 존재하면서 우리 땅의 특산물을 중국 땅으로 보내는 일을 했지요. 낙랑군의 관리는 요동에서 왔으며 낙랑 토성에서 생활하였습니다.

강인한 변호사   안 끼어들려고 했습니다만…… 도저히 짚고 넘어가지 않을 수 없군요. 고조선 사회에 관리가 많았다고요? 위만왕이 나라를 세우면서, 준왕이 다스리던 시절의 지방 족장이었던 사람들을 중앙으로 불러들여 '상'이라는 관직을 주고 나랏일을 맡아 처리하게 했다는 사실은 이미 지난 재판에서 나온 이야기 아닙니까? 이 사실을 다시 생각해 보면, 위만왕이 다스리기 이전의 고조선 왕은 많은 관리를 다스리기는커녕, 족장들의 대표 그 이상도 이하도 아니었다는 말이지요.

나현명 변호사   강인한 변호사가 뭘 모르시네요. 왕위가 부왕에서 그 아들인 준왕으로 계승되었다는 것 자체가 이미 고조선 사회의 왕권이 상당히 강력한 수준이었음을 증명하는 겁니다.

판사   흐음, 왕 자리가 세습되는 것이 강력한 왕권과 무슨 연관이 있나요?

준왕   그건 내가 말씀드리지요. 판사님을 포함해 많은 분들이 왕이 다스리는 군주제를 떠올릴 때, 아들이 없다면 왕의 자리를 잇는 것은 딸이나 동생 등 왕의 혈육이 당연하다고 생각하실 겁니다. 왕이 다스리는 나라가 많이 사라진 오늘날에도 그렇다고 하죠? 그러나 국가라는 개념이 확실하게 자리 잡지 못하고, 왕의 권력이 강력하지 못했던 아주 옛날에는 여러 부족장이 돌아가면서 혹은 그들 중에서 뽑힌 사람이 대표 노릇을 했지, 아버지가 왕이었다고 왕 자리를 그대로 물려받을 수는 없었습니다.

만약 내가 부족장들과 크게 다를 바 없는 위치에 있었다면, 그들이 왕 자리를 탐내는 것을 어떻게 막을 수 있겠습니까? 안 그런가요, 강인한 변호사?

준왕의 설명에 판사는 고개를 끄덕였고, 할 말이 없어진 강인한 변호사는 머리를 절레절레 흔들더니 자리로 돌아갔다.

나현명 변호사　원고, 설명 감사합니다. 이해가 쏙쏙 되네요. 그럼 아까 피고 측에서 말했던 역사서 『위략』에 나왔다던 말에 대해서도 여쭤 봐야겠네요. 중국을 칠 수 있는 좋은 기회를 두고 원고의 우유부단함 때문에 이를 놓쳤다고 되어 있는데, 이 일이 어떻게 된 일인지 말씀 좀 해 주시지요.

준왕　기원전 4세기, 중국 동북쪽의 제후국이었던 연나라는 힘이 강해지면서 영토를 넓히려는 욕심에 동쪽에 있던 고조선 땅을 호시탐탐 노렸습니다. 연나라 왕은 이전에 쓰던 '제후'라는 칭호 대신, 더 높은 '왕'이라는 칭호를 썼고, 고조선을 치기 위한 전쟁도 준비했습니다. 하지만 당시 고조선도 연나라 못지않게 강한 나라였습니다.

　왜 위만왕은 고조선을 계승했다고 할까?

그래서 우리 역시 제후라는 칭호 대신 '왕'이라 했으며, 연나라와 싸워서 지지 않을 자신이 있었기에 연나라를 먼저 공격하고자 했습니다.

나현명 변호사　잠깐만요. 기원전 4세기라면 원고가 왕위에 오르기 전 아닙니까? 지금 증언하시는 걸 들어 보아도 본인의 이야기 같지 않은데요.

준왕　그렇습니다. 전쟁이 일어날 뻔한 것은 내가 왕이었던 때가 아니라 나의 할아버지 때 있었던 일이에요. 아까부터 피고 측에서 내가 한 일도 아닌 걸 가지고 우유부단하다, 소심하다고 하는 게 어이가 없더군요.

　준왕이 강인한 변호사를 째려보며 말하자, 강인한 변호사는 잠시 당황한 표정을 짓더니 곧 마음을 다잡고 말을 꺼냈다.

강인한 변호사　뭐, 꼭 원고의 이야기는 아니라 해도, 위만 조선 이전의 단군 조선 왕들이 정복 활동에 소극적이고 우유부단한 사람들이었다는 증거는 되지 않습니까? 그때 전쟁을 포기하고 나라의 방비를 튼튼히 하지 않는 바람에 이후 연나라에게 서쪽 땅의 많은 부분을 빼앗겼지 않습니까. 그래서 결국 고조선의 영토가 한반도 지역으로 축소된 것 아닌가요? 영토 확장에 힘썼던 위만왕이었다면 전쟁을 통해 고조선의 당당한 모습을 보여 주었을 겁니다.

나현명 변호사　전쟁을 일으키지 않으면 우유부단하고, 전쟁을 일으키면 용감하고 당당하단 말입니까? 강인한 변호사는 참으로 무서

　왜 위만왕은 고조선을 계승했다고 할까?

운 말씀을 하시는군요. 혹시 전쟁 예찬론자 아닙니까?

강인한 변호사   아니, 전쟁 예찬론자라니요! 말씀이 너무 심하신 것 아닙니까? 필요하다면 전쟁을 할 수도 있다, 이거죠.

나현명 변호사   그거나 저거나 똑같은 얘기 아닌가요? 뭐, 어쨌든 전쟁을 하지 않게 된 당시의 상황을 준왕께서는 좀 더 설명해 주시지요.

준왕   네. 내가 알기로 당시 고조선은 오랜 준비 끝에 연나라와 전쟁을 벌이려 했습니다. 그런데 막 전쟁을 시작하려는 찰나, 신하였던 예가 도저히 승리할 가능성이 없다고 말려 그만두게 되었습니다. 그리고 예를 연나라에 사신으로 보내 설득하니, 연나라도 고조선을 공격하려던 계획을 멈추었고요.

나현명 변호사   들으신 대로 준왕은 용기가 없었던 것이 아니라, 평화를 사랑했던 것이군요. 사신을 보내 연나라의 침공 계획도 멈추게 했다니 말입니다. 하여간 백성들을 전쟁의 소용돌이에 몰아넣지 않으려고 전쟁을 포기했던 현명한 판단을, 우유부단함으로 비하하는 일은 더 이상 없어야 할 것입니다.

강인한 변호사   그게 어떻게 현명한 판단이라 할 수 있단 말입니까? 백성들을 편히 살게 하려면 전쟁의 위협을 먼저 없애는 것이 현명하지요. 그 순간에는 연나라의 침입을 막았다지만 시간이 지나 결국 연나라의 침입으로 고조선의 영토를 빼앗기지 않았던가요?

판사   그럼 평화가 계속 유지되지 못하고 결국 고조선이 연나라와 전쟁을 벌여 영토를 빼앗기게 되었단 말입니까?

만번한
전국 시대, 고조선과 연나라의
경계 지역으로 중국 사서에 나오
는 문현과 번한현을 가리키는 것
으로 보입니다. 문현과 번한현은
랴오둥 지역에 있었던 현입니다.
따라서 중국 연나라와 고조선의
경계 지역은 랴오둥의 한 지역일
것으로 추측할 수 있지요.

강인한 변호사   그렇습니다. 중국의 역사서 『삼국지』의
「위서 동이전」에 보면, '연나라는 장군 진개를 파견해 조선
의 서쪽 지방을 침공하고 2000여 리(약 786km)의 땅을 빼
앗아 만번한 지역을 경계로 삼았으며, 마침내 조선의 세력
은 약화되었다'라고 되어 있습니다. 여기서 조선이란 고조
선을 말한다는 것은 다들 아시겠지요? 2000리의 땅을 빼
앗겼다니……. 이거야말로 위만왕 이전 고조선의 나약한
모습을 증명하는 게 아니겠습니까?

나현명 변호사   강인한 변호사 말대로, 결국 연나라가 고조선을 공
격해 영토를 빼앗은 것은 사실입니다. 그러나 나중에 전쟁이 날지
모르니 미리 전쟁을 해 버린다는 것이 과연 타당한 이야기입니까?
그럼 세계 모든 나라를 정복하기 전에는 전쟁을 멈출 수 없겠군요.

　나현명 변호사가 방청석을 둘러보며 어깨를 으쓱하자, 방청석에
서는 나현명 변호사의 말이 그럴듯하다는 말과 말도 안 되는 억지라
는 말들이 오갔다. 나현명 변호사는 다시 뒤돌아 판사를 바라보며 말
을 이었다.

나현명 변호사   그리고 피고 측에서 예로 든 「위서 동이전」 내용을
보면 연나라가 고조선의 땅 2000리를 빼앗았다고 되어 있는데, 이는
오히려 고조선의 영토가 얼마나 넓었는지를 알려 주는 것입니다. 애
국가에 나오는 '무궁화 삼천리 화려강산'이라는 말에서도 알 수 있듯

이 한반도 전체가 3000리(약 1179km) 정도 된다고 하는데요, 그 3분의 2인 2000리는 얼마나 넓은 땅이겠습니까? 이만큼의 영토를 빼앗기고도 연나라와 국경을 마주한 채 나라가 유지되었다면, 고조선의 영토가 얼마나 넓었는지 짐작하실 수 있겠지요?

　나현명 변호사가 열변을 토하자 증인석의 준왕은 만족스러운 표정으로 고개를 끄덕였고, 방청석의 웅성거림은 더욱 커졌다.

판사　　자자, 방청석에 계신 분들은 좀 조용히 해 주세요. 피고 측 변호인, 원고에게 추가 신문 하시겠습니까?

강인한 변호사　　네. 정확히 말하면 지금까진 준왕 본인에 대한 신문이 아니었습니다. 이제부터 저는 원고와 직접 관련된 사항을 묻도록 하겠습니다. 피고 위만왕이 무능한 준왕을 몰아내고 왕이 되었을 때 그것이 그렇게 억울했다면, 그때 왜 저항하지 않았습니까? 따르는 사람도 몇 없이 그대로 성을 빠져나간 것으로 알고 있습니다만……지금까지 자랑한 대로 본인의 왕권이 강력했고, 통치를 잘했다면 그렇게 쉽게 왕 자리가 바뀌지는 않았을 텐데요?

준왕　　믿고 있던 위만에게 뒤통수를 맞았던 그날의 기억을 떠올리니 마음이 복잡하군요. 어쨌든 위만이 성으로 쳐들어왔을 때에는 겨를이 없어 별 저항도 못 하고 성을 빠져나왔던 것이 사실입니다. 그때 내 곁에는 왕비와 왕자, 신하 몇 명과 궁녀들밖에 없었지요. 그러나 내가 강가에 배를 대고 쉬는 동안 많은 이들이 나를 찾아와 군사를 정비해 위만을 몰아내고 다시 성으로 돌아가자고 했습니다.

나현명 변호사　그렇습니다! 하지만 원고 준왕은 이들의 뜻을 가상히 여기나 나라의 운이 다하였으니 아까운 인명을 버릴 필요는 없다고 사양하셨지요. 백성을 사랑하는 군주의 모습이란 바로 이런 것입니다!

준왕의 말을 받아 끼어든 나현명 변호사가 준왕을 두 손으로 가리키며 감동에 젖은 목소리로 말했다. 그 모습에 준왕이 조금 민망해하자, 나현명 변호사는 얼른 손을 내리고 날카로운 목소리로 다시 말하기 시작했다.

나현명 변호사　그런데! 대체 교과서에서는 왜 증거도 없이 위만조선 때부터 나라가 발전하게 되었다고 말하는지 모르겠습니다. 마치 그 전에는 무능한 왕이 다스려 체계도 없는 나라였던 것처럼 말입니다.

강인한 변호사　역사를 마음대로 해석하고 보기 좋게 감싸려는 나현명 변호사의 특기가 또 나왔군요. 백성을 사랑하는 마음에서 그랬을지, 위만왕의 강력한 힘에 겁을 먹고 그랬을지는 모르는 일입니다. 아무래도 전 두 번째 이유가 더 맞는 듯하지만 말입니다. 안 그렇습니까?

강인한 변호사가 씩 웃으며 재판정을 둘러보자 증인석에 있던 준왕의 얼굴은 붉으락푸르락해졌고, 피고석에 있던 위만왕은 삐져나오는 웃음을 참으려 애썼다. 화가 난 나현명 변호사가 강인한 변호사에게 삿대질을 하며 말했다.

나현명 변호사   겁을 먹다니요! 이젠 원고를 겁쟁이 취급까지 하시는 겁니까? 한 나라의 왕이었던 사람에게 이렇게 무례한 말을 하시다니. 판사님! 당장 제지해 주시기 바랍니다.

강인한 변호사   아니, 나현명 변호사! 자기는 느낀 대로 얘기하면서, 나는 내 느낌을 말하지도 못한단 말입니까? 이의를 제기할 사람은 오히려 나라고요!

판사   두 변호인 모두 진정하시기 바랍니다. 원고에게 신문할 내용은 더 이상 없지요? 없으면 원고는 증인석에서 내려가셔도 좋습니다.

아직 화난 표정의 준왕이 원고석으로 돌아가자 판사가 다시 말을 이었다.

판사   자, 위만 조선이 세워지기 전 고조선 사회의 모습을 살펴보았으니, 이제부터는 위만왕이 집권한 이후 고조선이 어떻게 바뀌었는지 알아보도록 합시다.

2 고조선 사회는 어떻게 바뀌었을까?

강인한 변호사   피고, 피고가 왕위에 오른 후 고조선 사회는 이전과는 확실히 다른 모습으로 변화를 겪었는데요, 이전에 원고 준왕이 왕 노릇을 하면서 해 놓은 일이 별로 없었나 봅니다.

나현명 변호사   판사님, 이의 있습니다. 피고 측 변호인은 위만왕의 업적을 강조하기 위해 근거도 없이 원고를 깎아내리고 있습니다.

판사   인정합니다. 피고 측 변호인은 사실 그대로 위만왕의 업적만 진술해 주시기 바랍니다.

강인한 변호사   네, 판사님. 하지만 원고 준왕이 왕위에 있는 한, 고조선 사회는 변화를 기대하기 어려웠던 게 사실입니다. 반대로 피고 위만왕은 고조선 사회에 대한 확실한 목표와 이상이 있었지요. 고조선을 더 부강하고 살기 좋은 나라로 만들 자신이 있었던 것입니다.

왜 위만왕은 고조선을 계승했다고 할까?

피고, 피고께서 직접 자신의 업적에 관해 구체적으로 말씀해 보시겠습니까?

위만왕 내가 한 일을 내 입으로 말하라고요? 이거…… 쑥스러운데……. 그렇지만 한국 사람이고, 국사 과목을 충실히 공부한 사람이라면 누구나 인정하는 사실이니까 그냥 있는 그대로만 말하겠습니다. 일단 나는…….

몇몇 방청객은 위만왕이 지금껏 겉으로는 점잔을 빼고 있었지만, 지금 이 순간만을 기다려 온 듯 갑자기 거드름을 피우는 모습에 입을 삐쭉거렸다. 위만왕이 헛기침을 한 번 하고 발언을 시작하려는데, 나현명 변호사가 톡 끼어들었다.

나현명 변호사 판사님! 국사 교과서에 나와 있는 내용이라면 제가 더 잘 알고 있습니다. "기원전 194년, 위만은 수도인 왕검성에 쳐들어가 준왕을 몰아내고 스스로 왕이 되었다"라고 나와 있습니다.

판사 허허, 나현명 변호사. 체통을 지키세요. 이게 무슨 경우입니까? 피고가 발언을 하는데 그렇게 끼어들면 어떡합니까?

위만왕 판사님, 괜찮습니다. 나현명 변호사님이 국사 공부를 열심히 하신 모양입니다. 그런데 변호사님은 너무 부정적인 것만 보시는 것 아닙니까? 어떻게 그것만 기억하실 수 있죠? 교과서에 그 두 줄보다 훨씬 더 자세하게 나의 위대한 업적이 나와 있는데 말입니다.

나현명 변호사 제가 부정적인 것만 기억한다고요? 한국인으로서

'중국인에 불과한 피고가 준왕을 몰아내고 왕위를 빼앗았다'는 사실보다 더 중요하게 기억해야 될 것이 있습니까? 남의 나라 사람이 와서 왕위를 빼앗았는데, 이보다 흥분해야 할 일은 없다고 봅니다. 판사님! 더구나 피고는 왕위에 오르고 싶은 시커먼 속내를 숨기고, 한나라의 대군이 쳐들어오니 도성에 들어가 왕을 지키겠다는 아주 그럴듯한 명분을 내세워 자신의 욕심을 채웠습니다. 그러니까 피고와 그 일당은 반란 세력일 뿐입니다.

강인한 변호사　이의 있습니다, 판사님. 확실하게 밝혀진 사실도 아닌데 원고 측 변호인은 우리 피고를 자꾸만 중국인으로 단정 지어 말하고 있습니다. 이 점, 시정해 주실 것을 요청 드리며, 아울러 위만왕의 업적은 교과서에도 명백히 기록되어 있는 엄연한 역사적 사실이므로 반드시 자세하게 짚고 넘어갈 필요가 있다고 봅니다.

판사　인정합니다. 원고 측 변호인께서는 더 확실한 증거를 제시하기 전에 피고를 중국인으로 칭해서는 안 되며, 나 역시 위만왕이 집권한 이후 고조선 사회가 큰 변화를 겪은 것으로 알고 있으니, 이 점을 이번 재판에서 꼭 다뤄 보았으면 좋겠다는 생각입니다. 대신 피고 측에서는 본인의 업적을 과장해서는 안 되며 최대한 객관적으로 말씀해 주시기 바랍니다.

위만왕　판사님, 걱정하지 마십시오. 있는 사실 그대로만 말씀드리겠습니다. 일단 가장 중요한 점은, 내가 왕위에 오른 후 철기 문화가 고조선 사회에 확산되었다는 사실입니다. 물론 고조선이 중국 연나라와 교류하면서 철기를 처음 받아들이기 시작한 때는 내가 왕위에 오르기 훨씬 전인 기원전 4세기 무렵이었습니다. 처음에는 청동기와 함께 사용했지요. 하지만 내가 위만 조선을 세운 이후부터 청동기 문화는 거의 사라지고, 철기 문화가 대세를 이룰 수 있었습니다.

강인한 변호사 그렇다면 중국에서 먼저 철기를 사용하고 있었다는 말인데, 그 시기 철기가 고조선에 들어올 수 있었던 배경은 무엇입니까?

위만왕 중국은 그즈음 춘추 전국 시대라고 하여 일대 혼란을 겪고 있었습니다. 하나의 나라로 통일을 이루지 못하고 여러 세력이 서로 힘을 겨루던 시기였지요. 이들 사이에서 자연스럽게 주도권 다툼이 일어나니, 전쟁이 자주 벌어졌습니다. 이러한 혼란이 계속되자 중국 백성들은 혼란을 피해 조용한 땅을 찾아 떠돌아다니기 시작했지요. 그렇게 철기 문화를 먼저 일구었지만, 중국 땅을 떠나 정착하기를 바랐던 사람들 중 일부가 랴오둥 지방 일대에 흘러들어 오면서, 고조선 사람들에게 자연스럽게 철기 문화가 도입된 것입니다.

판사 그렇다면 청동기 사회에서 철기 사회로 옮겨 간 것이 왜 그렇게 큰 사회 변화의 요인이 되었던 거죠?

위만왕 고조선이 국가의 형태를 다지게 된 데는 철기의 사용이 결정적인 역할을 했다고 봐야 합니다. 일단 돌을 깎거나 갈아 쓰기만 했던 구석기와 신석기 시대와는 달리 형태를 자유롭게 만들 수 있지 않았겠습니까? 생활 도구를 비롯해 만들 수 있는 물건들이 훨씬 다양해졌다는 의미입니다. 그러면 당연히 기존의 사회보다 발전된 모습을 띠겠지요. 모두 아시다시피 쇠는 돌보다 단단할 뿐 아니

라 잘 깨지지 않고, 청동보다도 훨씬 날카롭게 벼릴 수 있으며 쉽게 무르지도 않지요.

판사   그렇다면 그러한 철기를 구체적으로 어디에 사용했나요?

위만왕   농사에 필요한 농기구나 정복 활동에 필요한 무기들을 그 쓰임새에 맞게 척척 만들어 사용하였는데요. 철의 특성상 재질이 매우 강하므로, 철로 만든 농기구는 힘을 잘 받아 땅을 깊이 파서 경작할 수 있었습니다. 그러니 농사 기술이 자연스럽게 발달하고, 농업 생산력 또한 증가했습니다. 쇠로 만든 검은 이전과는 비교도 되지 않을 만큼 그 위력이 남달랐고요.

강인한 변호사 그런데 철의 원료인 철광석이 우리 땅에 풍부했습니까?

위만왕 나도 철기를 본격적으로 생산해 내고자 마음먹었을 때 원료가 되는 철광석이 부족하면 어쩌나 걱정을 했는데, 오히려 구리보다 쉽게 얻을 수 있었습니다. 매우 풍부했지요. 철기 문화가 발달할 수 있는 기본적인 토대는 갖추어져 있었다고 보면 됩니다.

강인한 변호사 피고의 말을 정리해 보면, 위만 조선이 성립된 이후 철기의 사용이 본격화됐고, 이로 인해 농사 기술이 발달해 농업 생산력이 크게 증가했다고 볼 수 있겠군요. 그리고 강력한 무기가 제작되면서 정복 활동도 활발해질 수 있었고요. 한마디로 피고가 고조선에 들어와 왕이 되면서 경제력과 군사력이 빠르게 상승 곡선을 탔다는 말씀이군요.

위만왕 그렇지요. 변호사님 정리 한번 깔끔하게 잘하시네요.

나현명 변호사 판사님, 이의 있습니다. 철광석에서 철을 얻어 도구를 제작하는 과정은 그리 간단한 일이 아닙니다. 위만 조선에서 이런 일련의 작업이 진행되었다는 것을 증명할 증거를 피고 측에서는 제시해야 할 것입니다.

판사 인정합니다. 피고 측에서는 증거를 제시해 주시기 바랍니다.

강인한 변호사 역시 나현명 변호사가 토를 달 줄 알고, 대비를 해 왔으니 열심히 들을 준비나 하시지요. 일단 만드는 방법부터 설명을 청동이나 철을 이용해 어떤 물건을 만들 때 그 물건을 만드는 틀을 말하며, 곱돌이나 흙 또는 밀랍 등으로 만들어졌습니다. 도끼, 검, 창 등의 무기류, 끌, 자귀 등의 공구류, 거울, 그릇 등 여러 종류의 주조물을 만드는 데 사용했지요.

드리도록 하겠습니다. 철기는 제작 기술에 따라 거푸집에 부어 만든 주조 철기와 쇳덩이를 두들겨 만든 단조 철기로 나눌 수 있습니다. 그런데 우리나라에서는 거푸집으로 만든 철기보다는 두들겨 만든 단조 철기가 더 널리 쓰인 것으로 보입니다.

위만왕　판사님, 철기를 만드는 방법에 관해서는 내가 보충 설명을 드리도록 하지요. 일단 탄소를 어느 정도 함유한 철을 불에 달굽니다. 철이 달궈져서 어느 정도 물러지면 망치로 세게 두들겨서 만들고 싶은 모양을 만드는 겁니다. 농기구든 무기든 대장장이가 만들고자 했던 모양이 어느 정도 되었다 싶으면 찬물에 급히 집어넣어 빠르게 식혀 줍니다. 이렇게 불에 달구고, 두들기고, 찬물에 담그는 과정을 여러 번 반복합니다. 이 과정을 거치면서 철은 탄소 성분이 줄어들고 매우 단단해지지요.

강인한 변호사　탄소 성분이 많으면 안 되나요?

위만왕　탄소 성분이 많으면 철기가 약해서 잘 부러집니다.

강인한 변호사　그렇군요. 좋은 정보 감사드립니다. 판사님! 이러한 철기 제작 과정으로 철기를 직접 생산하던 현장이 경기도 양평 대심리, 가평 마장리 유적, 경남 창원시 성산 야철지, 경주 황성동 유적 등을 통해 확인되었습니다. 철광석을 녹이기 위해 화로에 바람을 불어넣는 풀무와 쇠를 불에 달굴 때 튄 부스러기나 쇠를 두드릴 때 쓰던 모루와 집게, 망치 등도 많이 출토되어 이 장소들이 오래전 쇠를 생산하거나 철기를 만드는 작업장이었음을 알 수 있었지요.

쇠를 단련하는 대장장이 그림(고구려 오회분 5호묘 고분 벽화) 『한국 고대의 문자와 기호유물』 수록

나현명 변호사　　판사님, 쇠똥이나 망치 조금 발견되었다고 해서 그곳이 철을 전문적으로 생산하던 장소였다고 보는 것은 조금 무리가 있지 않을까요?

강인한 변호사　　판사님, 아닙니다. 특히 경주 황성동 유적에서는 철광석에서 철을 뽑아내는 시설인 용광로와 뽑아낸 철을 녹이는 용해로가 아홉 기나 발견되었습니다. 철을 단련하는 단야로(鍛冶爐)도 두 기 발견되었고요. 또 용광로에 바람을 불어넣는 송풍관도 발견되었습니다. 이 정도면 당시 철기를 제작하는 과정이 매우 전문적이었고, 상당한 수준이었음을 짐작할 수 있지 않습니까?

순간 나현명 변호사의 얼굴이 붉어졌다. 강인한 변호사가 예상한 것보다 자료를 충실히 준비해 왔기 때문이었다. 나현명 변호사가 당황하는 낯빛을 띠자 강인한 변호사는 그를 향해 회심의 미소를 지었다.

판사 　원고 측 변호인은 더 하실 말씀이 있습니까? 없으면 다음으로 넘어가고요.

나현명 변호사 　어어…… 없습니다. 이상입니다.

판사 　그럼 위만 조선이 성립된 이후 철기 문화가 급속도로 발전했고, 이에 따라 고조선 사회의 농업 생산력이 증가하고 정복 활동이 활발해지는 등 눈에 띄는 변화를 겪었다고 볼 수 있겠네요. 여러 가지 증거와 증언을 통해 이 사실들이 증명되었고요. 그렇다면 피고 측 변호인, 위만 조선이 성립된 이후 또 다른 사회 발전 모습을 살펴볼까요?

강인한 변호사 　네, 판사님. 이 무렵 고조선은 비약적인 경제 발전을 기반으로 중앙 정치 조직을 잘 갖춘 강력한 국가로 성장했는데요. 위만왕은 중국에서 흘러든 세력과 조선 사람을 고루 임명해, 두 세력 사이에 있을 수 있는 갈등과 대립을 줄이고 정치의 안정을 꾀했습니다. 그뿐만 아니라 행정 조직도 기존의 체제 그대로 유지했는데, 중국식으로 개편하지 않은 것만 보더라도 그가 중국인이 아니라는 점은 다시 한번 증명된다고 볼 수 있습니다. 이는 그가 탁월한 정치가이자 전략가였고, 왕이 될 만한 재목이었음을 보여 주는 증거이지요.

왜 위만왕은 고조선을 계승했다고 할까?

나현명 변호사　　이의 있습니다, 판사님. 행정 조직을 그대로 유지한 것은 그가 고조선계 인물이었기 때문이 아닙니다. 중국인의 신분으로 고조선의 왕이 된 것이기 때문에 기존의 조선 사회를 완전히 뒤엎어 버리는 새로운 행정 조직안을 제시한다면 조선 사회의 통치 자체가 불가능할지도 모른다고 생각한 것입니다. 기존의 조직을 그대로 유지해서 주민들에게 큰 혼란을 주지 않는 것이, 모래성 위에 세운 자신의 왕조를 유지할 수 있는 길이었음을 알았던 것이지요.

판사　　일리 있는 반박이라고 생각되는군요. 피고 위만왕은 이에 대해 하실 말씀이 있나요?

위만왕　　특별히 없습니다. 하지만 원고 측 변호사가 자꾸 나를 중국인으로 단정 지어 말하는 것은 기분이 좋지 않습니다. 한 번 더 주의를 주시기 바랍니다.

판사　　나현명 변호사, 아까 주의를 줬는데도 계속 그렇게 말씀하시면 이제부터 발언권을 제한할 수도 있습니다.

나현명 변호사　　판사님, 뭐 그렇게까지 하실 필요가……. 하하하, 어쨌든 알았습니다. 주의하도록 노력은 해 보겠습니다.

"아이고, 중국인을 중국인이라 부르지 못하는 내 심정을 누가 알까? 홍길동은 알아줄까?"

나현명 변호사는 들릴 듯 말 듯 한 목소리로 내뱉었다. 하지만 발언권을 제한할 수도 있다는 말에, 이제까지 당당하던 나현명 변호사의 태도는 약간 수그러들었다.

판사　　피고 측에서는 더 내세울 만한 위만왕의 업적이 있습니까?

강인한 변호사　　판사님, 있고말고요. 무엇보다 피고 위만왕은 우리 역사에서 처음으로 본격적인 정복 활동을 펼쳤으며, 우리 영토를 무한히 확장한 왕이었습니다. 이는 앞서 말했듯이 피고에게는 원대한 목표와 꿈이 있었고 또 그것을 실현할 능력이 있었기 때문이지요. 그가 세운 위만 왕조는 훌륭한 무기와 군사력을 바탕으로 동쪽과 남쪽의 소국들을 모두 정복하며 수천 리로 뻗어 나갔습니다.

판사　　사방 수천 리에 이르는 강대국이 되었다고 하였는데, 위만 왕조가 넓힌 영토의 범위를 구체적으로 짚어 주실 수 있습니까?

강인한 변호사　　네, 판사님. 그 지역은 바로 압록강 유역에서부터 한강 이북의 영토, 함경남도, 강원도 일부까지입니다.

나현명 변호사　　이의 있습니다, 판사님. 그만큼 영토를 넓힐 수 있었던 이유는, 피고 위만이 능력이 있었기 때문이 아닙니다. 그것은 바로 한나라의 도움이 있었기 때문입니다. 만약 한나라가 도와주지 않았다면 아마 꿈도 못 꿨을 겁니다!

판사　　한나라가 도움을 줬다고요? 그 말은, 한나라가 위만왕이 다른 나라를 정복하는 것을 도와줬다는 말인가요? 피고 측 변호인은 이에 대해 답변해 주시기 바랍니다.

강인한 변호사　　앞서 증인 역계경이 증언했다시피, 당시 위만 왕조는 한나라와 평화 관계를 맺고 있었습니다. 한나라는 평화 관계를 맺으면서, 주변 종족들이 중국의 국경을 침범하지 못하게 하되 서로 관계를 맺어 오가는 것은 막지 않는다는 조건을 요구했지요. 물론 한나라 또한 조선을 우리 겨레의 땅을 대표하는 나라로 인정하여 권위를 부여하고 물자를 지원하겠다 약속했고요. 그러니까 한나라의 도움을 받으면서 정복 전쟁을 벌인 것은 사실입니다.

나현명 변호사 판사님, 말씀드릴 게 있습니다. 조선이 한나라와 평화 관계를 맺는 데에는 또 한 가지 조건이 있었습니다. 피고 측 변호인도 부끄러운 것은 아는지 이를 슬그머니 숨기네요. 그 조건은 바로 조선이 '한의 신하가 된다'는 조항입니다.

판사 한의 신하가 된다고요? 한나라의 신하 나라가 됨으로써 얻어 낸 외교 관계란 말인가요?

강인한 변호사 아닙니다, 판사님! 그런 조항이 있긴 했으나 형식적인 것에 불과했습니다. 당시 위만 조선의 세력은 한나라를 위협할 정도로 막강했으니까요.

강인한 변호사는 상황이 조금 불리하게 진행되는 듯하자, 재빨리 서류 뭉치를 뒤적이면서 말을 돌렸다.

강인한 변호사 판사님, 영토 확장도 그렇지만 위만 조선이 지리적 이점을 이용해 동방의 예국이나 남방의 진국이 직접 중국의 한나라와 교역하는 것을 막는 등 중계 무역의 이득을 취한 것 역시, 위만왕이 상업과 무역을 발달시켜 실리를 챙기고 외교술에 능했기에 가능한 일이었습니다. 이러한 경제적·군사적 발전을 기반으로 고조선은 한과 대립할 정도로 강한 나라가 되었고요.

나현명 변호사　　판사님, ▶위만 조선이 당시 한과 대립할 수 있을 정도로 세력을 키운 것은 사실이지만, 이는 결국 한 무제가 고조선을 침략하게 만들었습니다. 분수를 모르고 세력을 자랑하다 오히려 전쟁을 부추겨 멸망을 앞당긴 꼴이 되었지요.

강인한 변호사　　판사님, 고조선이 멸망한 것은 한나라가 침입해서가 아니라, 장기간의 전쟁으로 지배층이 분열됐기 때문입니다. 실제로 고조선은 한 무제가 수륙 양쪽에서 대규모로 침략해 왔을 때, 랴오둥과의 경계인 패수에서 1차 접전을 대승했고, 이후 약 1년에 걸쳐 한의 군대에 맞서 완강히 대항했습니다.

나현명 변호사　　판사님, 피고 측 변호인은 교묘하게 말을 돌리고 있

　　왜 위만왕은 고조선을 계승했다고 할까?

습니다. 만약 한나라와 전쟁을 벌이지 않았다면 지배층의 분열이 일어났겠습니까? 지나친 정복 활동과 영토 확장이 주변국에게 위협을 주어 전쟁의 도화선에 불을 붙인 것입니다. 힘만 믿고 날뛰다가 화를 자초한 게 아니면 무엇이겠습니까? 결국 한나라가 고조선을 멸망시킨 후 고조선 영토에 한군현(한사군)을 설치해 간섭하게 되었습니다. 한군현의 설치로 인해 고조선 사회는 또 한 번 큰 변화를 겪게 되었지요.

한군현
기원전 108년, 고조선이 한나라 군대에 멸망하자 한나라는 랴오둥과 한반도 북쪽 지역에 중국 군현을 설치했습니다. 그 군현은 모두 네 개로 현도, 낙랑, 진번, 임둔군입니다. 나머지 군현은 곧 없어졌지만 낙랑군만은 313년까지 한반도 서북 지방에 존재하면서 한국 고대 국가의 발전에 어느 정도 영향을 미쳤지요.

판사   그렇다면 한군현은 일종의 식민 통치 기관이라고 볼 수 있습니까? 한군현이 설치된 이후 조선 사회는 구체적으로 어떻게 변했습니까?

나현명 변호사   네, 판사님. ▶▶한군현의 설치는 정치, 경제, 사회, 문화 각 분야에 큰 영향을 주었습니다. 일단 주요 관직에는 모두 한나라 사람만 임명되었습니다. 아주 말단의 행정 업무에만 토착민이 임명되었는데, 그것도 아주 차별이 심했습니다. 그리고 한나라의 문화나 풍속을 무조건적으로 가르치고 주입시켰습니다. 그뿐만 아니라 매우 직접적인 피해도 입혔는데요, 그들은 여러 가지 명분을 내세워 각종 토산품을 고조선 땅에서 착취해 갔습니다.

판사   주로 무엇을 빼앗아 갔습니까?

나현명 변호사   소금이나 철, 농산물이나 해산물 등이었습니다. 조선인의 노동력 또한 정당하지 않은 방법으로 동

교과서에는

▶ 고조선이 강성해지면서 한에 대항하는 세력으로 커가자, 한은 대군을 보내 수도인 왕검성을 공격했습니다. 고조선은 1년에 걸쳐 한의 군대에 맞서 완강하게 대항하였으나 장기간의 전쟁으로 지배층이 분열되어 결국 멸망하였지요.

▶▶ 한군현이 설치된 후 억압과 수탈을 당하던 토착민들은 다른 곳으로 이주하거나 단결하여 이에 대항하였습니다.

원되었고, 토지도 빼앗겼지요.

강인한 변호사　하지만 판사님, 한군현이 설치됨으로써 오히려 조선인이 힘을 하나로 합치는 계기가 되기도 했습니다. 한군현을 한반도에서 몰아내기 위해 민족이 힘을 합친 것이지요. 실제로 한나라 사람들의 무자비한 지배 정책과 압박 정치에 대항하여 곳곳에서 반란이 일어났고, 그 결과 4군이 1군으로 줄어들었습니다.

나현명 변호사　판사님, 피고 측 변호인의 말대로라면, 민족을 하나로 모으는 계기가 되니까 고조선 땅의 한군현의 설치가 정당화될 수 있다는 말입니까? 정말 들을 가치도 없는 반론이네요.

판사　자자, 두 분 변호인 모두 진정하시기 바랍니다. 한군현의 성격에 관한 논의는 지금 이승에서도 확실히 결론을 내지 못하고 있는 것으로 압니다. 더구나 이번 재판에서 다루어야 할 중요한 문제는 아닌 것 같으니 이쯤에서 마무리했으면 하니다. 지금까지 원고 측, 피고 측 모두 성실하게 재판에 임해 주셔서 감사드립니다. 잠시 후 원고와 피고의 최후 진술을 듣고, 나와 배심원 모두 심사숙고해서 판결을 내리도록 하겠습니다.

　땅, 땅, 땅!

고조선과 한의 전쟁

위만은 중국에서 받아들인 철제 무기를 기반으로 하여 주변 지역을 정복해 나갔는데, 손자인 우거왕 때에는 강력한 힘과 한에서 멀리 떨어진 지리적 조건을 이용해 주변 소국들을 통제하기에 이릅니다.

특히 고조선은 중계 무역의 이익을 독점하기 위해 한강 이남에 있는 진국(辰國) 등 여러 나라가 한과 직접 교역하는 것을 금지했습니다. 이 같은 고조선의 처신은 한나라 정부와 위만이 맺은 약속에 어긋나는 것이어서 한나라를 자극했습니다. 고조선이 숙적 흉노와 손을 잡아 세력을 키우고 주변 지역에 대한 관리자로서의 약속을 지키지 않자, 한나라는 결국 흉노와 위만 조선의 연결을 끊고 동북아시아 지역을 장악하고자 전쟁을 일으켰지요.

한나라 무제는 정벌군을 조직하여 기원전 108년 가을, 육지와 바다 양쪽으로 대대적인 공격을 가합니다. 그러나 고조선은 적은 군사를 가지고도 험한 곳에 군사를 배치하는 지략 덕분에 첫 싸움에서 대승을 거둡니다. 고조선은 이후 계속되는 전투에서도 승리하는데, 전쟁이 오래 지속되자 한나라는 고조선의 지배층을 꼬여 분열하는 방식을 택했습니다. 결국 많은 고조선 대신들이 한나라 군대에 항복하는 일이 벌어졌고, 왕검성이 함락되자 고조선은 이내 멸망하고 말았습니다. 기원전 108년 여름의 일이었지요.

다알지 기자

　　오늘 마지막 심리에서는 원고 준왕이 정말 나
약한 왕이었는지, 그리고 위만이 왕이 된 이후 고
조선 사회는 어떻게 변화했는지에 초점을 맞춰 양측이
치열한 논쟁을 벌였습니다. 피고 위만왕 측에서는 『위략』이라는 중국
역사서의 한 대목을 예로 들어 중국을 칠 수 있는 좋은 기회를 두고 결
정을 미룬 단군 왕조가 우유부단했고 능력이 없는 왕조였다고 주장했
습니다. 이에 원고 준왕 측에서는 『위략』은 고조선의 강성해진 힘을 두
려워한 중국이 고조선 사람들을 폄하하기 위해 역사를 왜곡한 책이라
며 맞섰습니다. 그러면서 준왕은 자신이 다스리던 당시 이미 고조선
사회에는 훌륭한 법률과 힘센 군대, 궁궐이 존재하고 있었고, 왕위 세
습이 이루어진 점을 들어 단군 조선이 결코 약한 나라가 아니었다고
반박했습니다. 그럼 나현명 변호사와 강인한 변호사에게 오늘 심리에
관한 소감을 들어 보겠습니다.

나현명 변호사

아, 단재 신채호 선생님을 증인으로 모시
지 못한 것이 이번 재판에서 가장 아쉬운 점
으로 남네요. 단재 선생님은 단군 조선이 우리 역
사상 가장 넓은 영토를 가지고 있었음이 틀림없다고 말씀하신 바 있습
니다. 즉, 서쪽으로는 지금의 베이징 근처에 있는 롼허강, 북으로는 중
국과 몽골의 국경인 아르군강, 동북쪽으로는 중국과 러시아의 국경인
헤이룽강, 남으로는 한반도의 남부 해안선을 국경으로 한 한반도와 만
주 전 지역으로 보신 겁니다. 고조선사를 축소하려 해서는 안 된다며,
고조선의 역사가 없으면 한국사도 없고 우리는 뿌리를 잃은 민족이 될
것이라고도 하셨지요. 이제라도 단군 조선에 대해 제대로 관심조차 갖
지 않았던 그간의 현실을 반성해야 하지 않을까요?

강인한 변호사

신채호 선생님의 주장은 『삼국유사』에 나오는 단군 신화의 내용을 아무런 비판 없이 해석한 것에 불과합니다. 아니, 나현명 변호사는 앞서 재판 첫 날 참석하신 나역사 박사의 증언을 벌써 잊으신 것 같네요. 자기 민족의 역사를 돋보이게 하려고 진실을 부풀리는 것이야말로 쓸데없는 열등감을 드러내는 것이라니까요. 피고 위만왕이 나라를 세운 이래 고조선 사회는 엄청난 발전을 이루었습니다. 교과서에도 한 페이지가 넘게 나와 있을 정도로요.

단군 조선이 중요하지 않다는 얘기가 아닙니다. 위만의 출신이나 왕위 계승 과정만을 문제 삼아, 그가 나라를 세운 뜻과 업적마저 왜곡하는 일은 없어야 한다는 것이지요. 이상입니다.

왜 위만왕은 고조선을 계승했다고 할까?

"위만왕은 배신자이자 전쟁광이었을 뿐이오"
VS
"고조선을 발전시킨 내 업적을 깎아내리지 마시오"

판사 지금까지 세 차례에 걸친 재판을 통해 양측의 주장을 충분히 들었다고 봅니다. 이제 판결에 앞서 원고와 피고의 최후 진술을 듣도록 하겠습니다. 이것이 법정에서 본인의 주장을 말할 수 있는 마지막 기회이니만큼 신중하고 성실히 임해 주시길 바랍니다. 그럼 원고 측 진술을 먼저 듣고, 이어 피고의 진술을 듣도록 하겠습니다.

준왕 일단 나는 이 한국사법정에 서게 된 것을 매우 유감스럽게 생각합니다. 영웅들의 마을에서 편안히 안식을 취해야 할 내가 왜 이 복잡한 소송을 준비해야만 했을까요? 나는 역사에 길이 남을 위대한 단군 조선의 왕이었습니다. 하지만 중국인에 불과한 저기, 저 피고 위만에게 허무하게 왕위를 빼앗겼지요. 나는 한순간에 무능력하고 나약한 왕이 되어 버렸습니다. 내가 언제까지 이 억울하고 원통한 마음을 가진 채 살아야 합니까?

앞서 열린 재판을 모두 지켜보신 분들은 위만왕이 어떤 사람이고, 어떻게 왕위를 노려 내 자리를 빼앗았는지 알게 되셨을 겁니다. 그는 나의 무한한 신뢰를 쓰디쓴 배신으로 보답한 자이며, 그를 따르던 무리들은 반란 세력에 불과합니다. 또 백 보 양보해서 내가 나약하고 능력이 없어 위만이 왕위에 올랐어야 했다고 칩시다. 그러면 자연스럽게 단군 왕조를 이어받아 왕이 될 것이지, 왜 굳이 새 왕조를 세워야 했을까요? 이것은 그가 조선인이 아니며, 단군 조선의 정통성을 인정하고 싶지 않았다는 증거가 아닐까요?

또한 위만은 이번 재판에서 활발한 영토 확장을 이룬 정복 군주의 이미지를 자랑스럽게 내세웠지만, 단순히 전쟁광이었을 뿐입니다. 결국 그 호전적인 성격 탓에 고조선은 멸망에 이르게 되었고요. 존경하는 판사님 그리고 방청객과 배심원 여러분. 전쟁을 일으키면 용감하고 당당한 왕이고, 전쟁을 피하면 우유부단한 왕입니까? 나는 정말 억울합니다. 왕위를 빼앗기던 날을 생각하면 오랜 시간이 흐른 지금도 울분을 참을 수 없습니다. 물론 위만이 왕이 되어 이룩한 고조선 사회의 발전된 모습까지 부정하려는 것은 아닙니다. 다만 그가 과연 어떤 사람이고, 어떤 과정을 통해 왕위에 올랐는지 헤아리셔서 부디 바른 평가를 내려 주시기를 부탁드립니다.

위만왕　　존경하는 판사님 그리고 방청객과 배심원 여러분! 나는 비록 순수 혈통의 토착 조선인은 아니었습니다. 하지만 내가 중국에서 왔다고 하여 중국의 문화를 고조선에 억지로 심으려고 했다든가,

　왜 위만왕은 고조선을 계승했다고 할까?

기존의 체제를 뒤엎으려 한 것은 결코 아니었습니다. 내가 만약 이러한 말에 조금의 가책이라도 느낀다면 나는 지금 이 자리에 당당히 서 있지 못할 것입니다.

나는 오로지 깊고 깊은 애정으로 청동기 문화에서 진화하지 못하고 있던 고조선 사회에 철기 문화를 전해 주었습니다. 그 결과 우수한 철기를 바탕으로 고조선은 농업 생산량이 급증하고, 정복 국가의 면모를 갖출 수 있게 되었으며, 덕분에 한국 역사에 전무후무하게 영토를 확장한 나라가 되었지요. 하지만 이는 원고 측의 주장대로, 내가 전쟁을 즐겼기 때문이 아닙니다. 동북아의 중심으로 당당히 고조선의 역사를 쓰고자 한 나의 원대한 목표 때문이었지요.

내가 만약 중국인으로서의 정체성을 포기하지 않았더라면, 왕위에 오른 것으로 만족하고 편안하게 여생을 즐겼을 것입니다. 하지만 내 마음속에는 조선인의 뜨거운 피가 흐르고 있었고, 어떻게 하면 고조선 사회를 좀 더 발전시킬 수 있을까 하는 생각뿐이었습니다.

내가 왕위에 오르는 과정이 썩 자연스럽지 않았다는 점은 나도 인정합니다. 하지만 그 과정이나 나의 출신만을 문제 삼아 내가 세운 위만 왕조를 고조선 왕조에 포함시키지 않으려는 것은 도저히 이해할 수 없습니다. 게다가 내가 이룬 업적까지 깎아내리려 하다니, 정말 억울하군요. 이 재판을 처음부터 끝까지 지켜보신 분들이라면 내 입장을 충분히 이해하실 겁니다. 고조선을 향한 내 진심까지 왜곡되진 않으리라 믿으며, 현명하신 판사님과 배심원 여러분의 판결을 기대하겠습니다.

판사   지금까지 3차에 걸쳐 원고와 피고 그리고 관련자들의 진술을 잘 들어 보았습니다. 이번 재판에 함께해 주신 배심원의 판결문은 4주 후 나에게 전달될 예정입니다. 배심원의 판결 결과는 공개되지 않으며, 법관의 판결은 배심원의 의견에 구속되지 않습니다. 즉, 배심원의 의견은 참고 사항일 뿐, 이를 법관이 절대적으로 따라야 하는 것은 아닙니다. 그래서 나는 단지 배심원의 판결문을 참고만 하여 공정한 판결을 내린 뒤 판결문을 공개하겠습니다. 그때까지 여러분도 이 사건에 대해 바른 판결을 내려 보시기를 바랍니다.

     땅, 땅, 땅!

역사공화국 한국사법정 재판 번호 01 준왕 vs 위만왕

주문

　역사공화국 한국사법정은 준왕이 위만왕을 상대로 제기한 명예 훼손에 의한 정신적 손해 배상 청구를 기각한다.

판결 이유

　재판 결과, 위만왕의 신분이 토착민이 아니었다는 점은 충분히 증명되었고, 위만왕이 준왕을 속여 왕위에 오른 것도 사실이라고 판단된다. 그러나 재판에 나온 증거와 증언, 변론을 종합해 보았을 때, 위만왕이 기존의 고조선 사회의 풍습이나 관습을 부정하거나 임의로 바꾸려한 고의성을 찾기는 어렵다. 따라서 위만 왕조를 고조선의 역사에서 제외해야 하는 당위성을 찾지 못했다. 또한 고조선을 한 단계 발전시킨 점도 높이 인정된다.

　한편, 원고 준왕은 자신이 나약한 임금으로 그려지는 현실이 억울하고, 자신이 왕위에 있을 때에도 사회가 발전의 싹을 틔우고 있었다고 진술했지만, 이를 증명할 증인이나 증거가 부족했다.

　우리 역사의 뿌리를 제대로 아는 것만큼 중요한 일은 없기에, 고조선의 역사를 올바로 공부하는 일은 매우 의미 있다고 할 수 있다. 그럼

에도 이를 증명해 줄 사료가 매우 부족하고, 고고학적 유물, 유적과 중국 측 사서에 의존해야 하는 현실이 매우 안타깝다. 본 법정은 이러한 부담감을 안고 판결을 내렸음을 고백한다.

비록 본 법정에서는 원고 준왕의 청구를 기각하는 판결을 내렸으나, 단군 왕조의 마지막을 허무하게 지켜볼 수밖에 없었고, 지금까지 나약한 임금이라는 멍에를 안고 살아온 원고 준왕의 억울함을 독자들이 이해해 주었으면 한다. 특히 준왕이 한강 이남에 삼한이라는 새로운 왕조를 열었음에 유념해야 할 것이다.

언제든 준왕의 주장을 보충할 만한 근거가 나온다면 판결이 뒤집어질 가능성이 충분하다. 따라서 독자들은 항상 역사를 바라보는 열린 시각을 가지고 스스로 판단하는 능력을 기르기를 바란다.

역사공화국 한국사법정 담당 판사 공정한

"당시 고조선 사람들은 짐승의 가죽이 아니라 흰색 베옷을 입고 다녔습니다"

똑. 똑. 똑.

"나현명 변호사 계십니까?"

늦은 밤, 법정에서 돌아온 나현명 변호사는 텔레비전을 통해 오늘 재판 과정을 다시 시청하고 있었다.

'아…… 저기서 내가 조금 더 강하게 밀어붙였어야 했는데. 강인한 변호사, 생각 외로 잘하는데? 그래도 뭐, 아직 내 패기를 따라오려면 멀었지만…….'

마지막 날 재판을 지켜보는 내내, 여러 가지 생각이 나현명 변호사의 머릿속을 스치고 지나갔다.

똑. 똑. 똑.

"아무도 안 계십니까?"

이제야 사무실 밖에서 누군가 자신을 찾고 있다는 것을 알아챈 나현명 변호사는 정신을 차리고 문밖으로 나갔다. 문 앞에는 이번 재판에 증인으로 참석한 나역사 박사가 기다리고 있었다.

"아니, 박사님께서 이렇게 야심한 시간에 어쩐 일로…… 좀 쉬시지 않고요."

"전남 화순에서 고인돌 축제가 열린다기에 그곳으로 여행을 좀 다녀왔지요."

"네? 고인돌 축제요? 그런 행사도 있었나요?"

"그런데 안타까운 점이 있어 나현명 변호사를 찾았습니다. 그곳에 도착하니 마침 고인돌을 쌓는 행사가 시작되고 있더군요."

"그런데요?"

나역사 박사는 당시 고인돌 축제가 열리던 장면을 떠올리며 이야기를 시작했다.

"넓은 운동장 한쪽에 재현 행사장이 마련돼 있었는데, 마치 신석기 시대 암사동 유적을 옮겨 놓은 듯한 풍경이었습니다. 사람들은 모두 화려한 짐승 가죽을 몸에 두른 원시인으로 분장하고, 죽은 추장의 무덤을 만들고 새로운 추장을 뽑는 의식을 보여 주더군요. 원시인들은 '우가, 우가' 하며 입을 모아 소리를 냈고, 춤을 추거나 주문을 외우기도 했습니다."

이야기를 듣던 나현명 변호사가 끼어들었다.

"그런데 박사님. 뭔가 이상하군요. 고인돌을 만들던 때는 청동기 시대가 아닙니까? 그런데 지금 설명을 한 내용은 신석기 시대를 말하는 것 같군요."

"내 말이 그 말입니다. 그 재현 행사대로라면 고조선 사람들은 신석기 시대에 부족 사회에서 살았다는 말이 되지요. 세계 문화유산으로도 지정된 행사가 그렇게 엉터리로 진행되고 있어서 정말 놀랐습니다."

"오, 그렇다면 그 장면을 지켜본 사람들은 그 시대에 대해 오해할 수 있겠네요."

"내가 걱정하는 것이 바로 그 점입니다. 당시 고조선에는 왕과 관료들이 있었고, 사람들은 짐승의 가죽이 아니라 주로 흰색 베옷을 입고 다녔습니다. 게다가 부유한 사람들은 금이나 구슬 같은 것으로 치장도 하고 다녔지요. 그런데 이거 원, 신석기 시대 풍경이라니! 행사가 완전히 잘못 치러지는 것이었지요."

"아, 내가 너무 일찍 역사공화국으로 온 것 같습니다. 아직 이승에 있었다면, 나의 불타는 열정으로 역사의 오류들을 바로잡기 위해 발로 뛰어다녔을 겁니다."

"변호사님, 아직 이승에 대한 미련이 있으신 겁니까? 내가 보기엔 변호사님은 이곳, 역사공화국에서 하실 일이 훨씬 더 많을 것 같은데요? 내가 보니 억울하게 이곳에 온 영혼들도 많고, 진실이 왜곡된 역사도 많습니다. 이곳에서 좀 더 뜻있는 일을 하실 수 있을 겁니다."

나역사 박사의 말을 듣고 난 후, 나현명 변호사는 이곳 역사공화국 한국사법정에서 앞으로 어떤 재판들이 펼쳐질지 가슴이 두근거렸다.

왜 위만왕은 고조선을 계승했다고 할까?

'그럼, 그렇고말고. 숨은 역사의 진실을 바로 나, 나현명 변호사가 하나하나 모두 밝혀 주겠어. 기대하시라! 나의 화려한 활약을!'

우리나라의 시작을
볼 수 있는 단군성전

매년 10월 3일 개천절은 나라가 정한 국경일로, 학교도 하루 쉬는 날입니다. 우리나라 건국을 기념하기 위하여 정해진 날이 바로 개천절인데, 말 그대로 '개천(開天)', 즉 하늘이 열린 날로 우리 민족 고유의 명절입니다. 이 개천절 행사를 하는 곳, 우리나라 시조인 단군을 모시기 위한 사당이 있는 곳이 바로 '단군성전'이지요. 우리나라에는 몇 개의 단군성전이 있는데, 그중 서울 종로구에 있는 단군성전과 강원 태백에 있는 단군성전, 충북 청원의 단군성전을 찾아보며 우리나라, 우리 민족의 시작을 짐작해 볼 수 있습니다.

서울 종로구 단군성전

서울 종로구 사직공원 내에 있으며, 지어진 이래로 매년 개천절 큰 제사를 지내고 있는 곳입니다. 1973년 서울시로부터 보호문화재로 지정되어 왔으며, 단군의 영정이 모셔져 있는 곳이기도 하지요.

서울 사직공원 내 단군성전

찾아가기 서울특별시 종로구 사직로 89 사직공원 뒤쪽

강원도 태백 단군성전

태초에 하늘나라 환인의 아들인 환웅
이 내려온 곳이 바로 태백산 신단수 아래
라고 전해집니다. 그래서 강원도의 태백
산은 '단군 신화'와도 떼려야 뗄 수 없는
관계가 있지요. 그래서 바로 이곳 강원도
태백에도 단군성전이 있습니다. '국조단
군상' 동상이 있고, 단군의 초상화도 볼
수 있습니다.

태백의 국조단군상

찾아가기 강원도 태백시 천제단길 221

충청북도 청원 단군성전

충청북도에 가면 은적산이
라는 아름다운 산이 있습니다.
이 산을 올라 솟대와 여러 개
의 문을 지나면 단군성전을 만
날 수 있습니다. 이 단군성전
은 1968년에 짓고 1984년에
보수한 건물이지요. 특히 청원

청원의 개국성조단군상

의 단군성전은 단군성전 뒤로 단군의 가묘가 만들어져 있는 것이 특
징입니다.

찾아가기 충청북도 청원군 강내면 저산리 은적산 정상

『역사공화국 한국사법정 01 왜 위만 조선이 고조선을 계승했다고 할까?』와 관련한 논술 문제를 풀어 봅시다.

※ 다음 제시문을 읽고 물음에 답하시오.

환인의 아들 환웅이 인간 세상을 구하고자 할 때, 환인이 그 뜻을 알고 홍익인간(弘益人間, 널리 인간을 이롭게 한다) 할 만하다 생각하여 인간 세상을 다스리게 하였다.

환웅은 3000명의 무리를 거느리고 내려와 태백산의 신단수 아래에 신시(神市)를 열고 여러 신들과 세상을 다스렸다. 이때 ㉠곰과 ㉡호랑이가 사람이 되고자 하여 환웅은 쑥과 마늘만으로 100일간 햇빛을 보지 않으면 사람이 될 수 있다고 하였다. 참을성 많은 곰만이 100일을 견뎌 내 사람이 되었고, 환웅과 결혼하여 아들을 낳으니 그가 곧 단군이다. 단군이 평양에 도읍하여 국호를 조선(朝鮮)이라 하였고, 뒤에 아사달에 천도하여 1500년간 나라를 다스렸다고 한다.

1. 위의 글은 예로부터 전해져 내려오는 단군 신화 속 내용입니다. 이 내용에서 ㉠을 '곰을 숭배하는 부족', ㉡을 '호랑이를 숭배하는 부족'으로 보았을 때 단군 신화는 어떻게 해석될 수 있는지 생각을 쓰시오.

※ 다음 제시문을 읽고 물음에 답하시오.

(가) 고조선의 준왕은 국경을 넘어온 위만을 받아들였습니다. 덕분에 위만이 이끌고 온 1000여 명의 사람들은 고조선에서 자리를 잡게 되었지요. 위만은 철기 문화를 고조선에 전했고, 준왕의 신임을 얻은 위만은 '박사(博士)'라는 관직에 임명되어 고조선의 서쪽 국경을 수비하는 역할을 맡게 됩니다. 그 뒤 점차 세력을 키운 위만은 준왕을 몰아내고 스스로 왕의 자리에 올라 고조선의 왕위를 차지하였습니다.

(나) 쥐구멍에도 볕 들 날 있다.

　　쥐도 도망갈 구멍을 보고 쫓는다.

　　우물에서 숭늉 찾는다.

　　소 가는 데 말도 간다.

　　공을 원수로 갚는다.

　　닭도 홰에서 떨어지는 날이 있다.

　　발 없는 말이 천 리 간다.

2. (가)의 상황을 보고, (나)의 속담 중 하나를 이용하여 자신을 머물게
　　해 준 준왕을 쫓고 왕위를 차지한 위만의 행동을 비판하는 글을 써 보
　　시오.

　　왜 위만왕은 고조선을 계승했다고 할까?

해답 1 고조선의 배경이 되는 단군 신화를 보면 하늘에서 내려온 하늘 신의 아들인 환웅과 아름다운 여인이 된 곰이 만나 단군왕검이 태어났다는 내용이 있습니다. 물론 곰이 마늘과 쑥을 먹는다고 사람이 될 수는 없지요. 신화는 어떤 사실에 상상력이 더해져서 만들어지기 때문에 이를 사실 그대로 믿고 이해하기보다는 당시의 시대상을 반영하였다는 점을 생각하는 것이 중요합니다. 당시의 사람들은 곰이나 호랑이와 같은 동물을 신성시하고 부족의 상징으로 삼았는데, 이를 '토테미즘'이라고 합니다. 따라서 단군 신화는 하늘의 신을 믿는 부족과 곰을 섬기는 부족 사이의 결합으로 이해할 수 있습니다.

해답 2 자신을 살 수 있도록 해 준 준왕의 은혜도 모르고 준왕을 몰아낸 위만의 행동은 비판받아 마땅합니다. 옛 속담에 '공을 원수로 갚는다'는 말이 있는데, 이 말은 '은혜를 원수로 갚는다'는 것과 같습니다. 다른 사람의 은혜나 공을 갚지는 못할망정 원수로 갚았다는 뜻이지요. 물론 위만이 철기 문화를 고조선에 전해 준 것은 고마운 일이지만, 그렇다고 그 힘을 이용해 준왕을 몰아내는 것은 옳지 않은 일입니다.

* 해답은 예시로 제시된 내용입니다.

ㄱ

거푸집 126

고조선 22

공자 29

관개 시설 55

ㄴ

낙랑 토성 111

ㄷ

다뉴조문경 50

단군성전 150

따비 53

ㄹ

랴오닝식 동검 71

ㅁ

만번한 116

미송리형 토기 46

민무늬 토기 70

ㅂ

백의민족 31

보습 53

봉건 사회 90

비파 47

비파형 동검 48

ㅅ

『사기』 35

『삼국유사』 34, 41

『삼국지』 101

소크라테스 29

순장 60

ㅇ

오곡 55

오르도스식 동검 48

옥꾸미개 73

울주 대곡리 반구대 암각화 58

위만 조선 22

일제 식민사관 36

ㅈ

『전국책』 35

정가와자 63

주물자 50

죽마고우 84

ㅊ

철기 95

ㅌ

토사구팽 85

ㅍ

팽이형 토기 46

ㅎ

한국식 동검 72

한군현 133

홈자귀 53

역사공화국 한국사법정 01

왜 위만왕은 고조선을 계승했다고 할까?

© 송호정, 2010

초 판 1쇄 발행   2010년 8월 12일
개정판 1쇄 발행   2013년 8월 16일
개정판 7쇄 발행   2024년 11월 1일

지은이   송호정
그린이   조진옥
펴낸이   정은영

펴낸곳   (주)자음과모음
출판등록   2001년 11월 28일 제2001-000259호
주소   10881 경기도 파주시 회동길 325-20
전화   편집부 (02) 324-2347 경영지원부 (02) 325-6047
팩스   편집부 (02) 324-2348 경영지원부 (02) 2648-1311
이메일   jamoteen@jamobook.com

ISBN 978-89-544-2301-4 (44910)

철학자가 들려주는 철학 이야기 (전 100권)

아이들의 눈높이에 맞춘 철학 동화!
책 읽는 재미와 철학 공부를 자연스럽게 연결한 놀라운 구성!

대부분의 독자들이 어렵게 느끼는 철학을 동화 형식을 이용해 읽기 쉽게 접근한 책이다. 우리의 삶과 세상, 인간관계에 대해 어려서부터 진지하게 느끼고 고민할 수 있도록, 해당 철학 사조와 철학자들의 사상을 최대한 풀어 썼다.

이 시리즈의 가장 큰 장점은 내용과 형식의 조화로, 아이들이 흔히 겪을 수 있는 일상사를 철학 이론으로 해석하고 재미있는 이야기로 담은 것이다. 또한 아이들의 눈높이에 맞는 쉽고 명쾌한 해설인 '철학 돋보기'를 덧붙였으며, 각 권마다 줄거리나 철학자의 사상을 상징적으로 표현한 삽화로 읽는 재미를 더한다. 철학 동화를 이끌어가는 주인공을 형상화하고 내용의 포인트를 상징적으로 표현한 삽화는 아이들의 눈을 즐겁게 만들어준다. 무엇보다 이 시리즈는 철학이 우리 생활 한가운데 들어와 있고, 일상이 곧 철학이라는 사실을 잘 보여준다. 무엇보다 자기 자신을 극복한다는 것, 인간을 사랑한다는 것, 진정한 인간이 된다는 것, 현실과 자기 자신을 긍정한다는 것 등의 의미를 아이들의 시선에서 풀어내고 있다.

과학공화국 법정시리즈 (전 50권)

생활 속에서 배우는 기상천외한 수학 · 과학 교과서!
수학과 과학을 법정에 세워 '원리'를 밝혀낸다!

이 책은 과학공화국에서 일어나는 사건들과 사건을 다루는 법정 공판을 통해 청소년들에게 과학의 재미에 흠뻑 빠져들게 할 수 있는 기회를 제공한다. 우리 생활 속에서 일어날 만한 우스꽝스럽고도 호기심을 자극하는 사건들을 통하여 청소년들이 자연스럽게 과학의 원리를 깨달으면서 동시에 학습에 대한 흥미를 가질 수 있도록 구성하였다.

물리법정 1	물리의 기초	지구법정 1	지구과학의 기초
물리법정 2	물리와 생활	지구법정 2	천문
물리법정 3	빛과 전기	지구법정 3	날씨
물리법정 4	소리와 파동	지구법정 4	지표의 변화
물리법정 5	여러 가지 힘	지구법정 5	지질시대
물리법정 6	운동의 법칙	지구법정 6	남극과 북극
물리법정 7	일과 에너지	지구법정 7	화석과 공룡
물리법정 8	유체의 법칙	지구법정 8	별과 우주
물리법정 9	현대물리학과 양자론	지구법정 9	바다 이야기
물리법정 10	상대성 이론	지구법정 10	이상기후

화학법정 1	화학의 기초	수학법정 1	수학의 기초
화학법정 2	물질의 구성	수학법정 2	수와 연산
화학법정 3	물질의 성질	수학법정 3	도형
화학법정 4	화학반응	수학법정 4	비와 비율
화학법정 5	화학과 생활	수학법정 5	확률과 통계
화학법정 6	신기한 금속	수학법정 6	여러 가지 방정식
화학법정 7	여러가지 화합물	수학법정 7	여러가지 부등식
화학법정 8	물질의 변화	수학법정 8	여러가지 수열
화학법정 9	음식과 화학	수학법정 9	수학퍼즐
화학법정 10	우리 주변의 화학	수학법정 10	수학의 논리

생물법정 1	생물의 기초
생물법정 2	동물
생물법정 3	곤충
생물법정 4	인체
생물법정 5	식물
생물법정 6	자극과 반응
생물법정 7	유전과 진화
생물법정 8	신기한 생물
생물법정 9	해양생물
생물법정 10	미생물과 생명과학